基于多模态话语理论的英语教学研究

汪书亦◎著

文化发展出版社
Cultural Development Press
·北京·

图书在版编目（CIP）数据

基于多模态话语理论的英语教学研究 / 汪书亦著 . 北京 ：文化发展出版社，2024. 7. -- ISBN 978-7-5142-4406-9

Ⅰ . H319.3

中国国家版本馆 CIP 数据核字第 2024FP3005 号

基于多模态话语理论的英语教学研究

汪书亦 著

出 版 人：宋 娜

责任编辑：袁兆英　　　责任校对：岳智勇

责任印制：邓辉明　　　封面设计：谢婉莹

出版发行：文化发展出版社（北京市翠微路 2 号 邮编：100036）

网 址：www.wenhuafazhan.com

经 销：全国新华书店

印 刷：天津和萱印刷有限公司

开 本：710mm × 1000mm 1/16

字 数：220 千字

印 张：11

版 次：2025 年 1 月第 1 版

印 次：2025 年 1 月第 1 次印刷

定 价：72.00 元

I S B N：978-7-5142-4406-9

前 言

在多媒体技术和计算机技术飞速发展的时代背景下，兴起于20世纪90年代的多模态话语分析逐渐成为国内英语言学研究的热点之一。多模态话语指的是运用听觉、视觉、触觉等多种感觉，并通过语言、图像、动作、声音等多种手段和符号资源进行交际的现象。将多模态话语应用于大学英语教学之中丰富了传统的英语教学模式，教师在课堂上运用多模态的教学方式，不仅能提高课堂质量，更重要的是能够提高学生的多模态识读能力和应用能力，帮助学生适应急剧变化的社会，迎接经济全球化、语言文化多元化和交际技术多样化的挑战。

多模态教学作为一种教学理论，主张利用网络、图片、角色扮演等多种渠道和多种教学手段来调动学生的多种感官协同运作参与语言学习，强调培养学生的多元读写能力。多模态教学法强调身体和大脑通过多模态、多感官协同参与交际的不可分割性。将多模态运用到课堂教学中有传统教学无可比拟的优势，在提高大学英语教学效率、培养大学生多元读写能力、优化课堂教学效果和推进大学英语教学改革进程等方面都具有可行性和突破性。

本书共六章。第一章为大学英语教学概述，主要介绍了大学英语教学的基本关系、大学英语教学的基本原则、大学英语教学的基本目标；第二章为多模态英语教学模式的来源，主要介绍了多模态话语各模态之间的协同关系、多模态话语的认知过程分析、认知理论与多模态英语教学中的多媒体使用；第三章为多模态对英语教学模式的影响，主要介绍了多模态对英语教学及其改革的启示、多模态对诗歌解读和图文关系构建的影响、多模态对PPT应用和视频语篇的影响；第四章为多模态英语教学模式的构建，主要介绍了多模态话语分析理论、多模态话语在英语课堂教学中的作用、多模态话语语境下英语教学模式的构建、认知理论视域下的多模态英语教学模式；第五章为大学英语教学的多模态课件开发，主要介绍了多模态课件的开发、多模态课件中的逻辑媒介、多模态课件的模态选择原则及学习；第六章为大学英语多模态课堂教学评估体系，主要介绍了大学英语教学评估现状、大学英语多模态课堂教学评估体系的提出、大学英语多模态课堂教学评估体系的构建。

在撰写本书的过程中，作者参考了大量的学术文献，得到了许多学者的帮助，在此表示真诚的感谢。本书内容系统全面，论述条理清晰、深入浅出，但由于作者水平有限，书中难免有疏漏之处，希望广大同行及时指正。

汪书亦

2023 年 6 月

目 录

第一章　大学英语教学概述

大学英语具有工具性和人文性的双重性质，还具有拓宽学生眼界、使其了解世界文化的作用，是一门非常重要的语言基础素质课程。本章主要介绍了大学英语教学的基本关系、大学英语教学的基本原则、大学英语教学的基本目标。

第一节　大学英语教学的基本关系

一、英语与汉语

（一）英语与汉语之间的迁移关系

汉语是中国人的母语，儿童、少年在开始学习英语时，已经能够比较好地使用汉语进行交际了，也就是说，他们已经掌握了一定量的汉语词汇和基本语法，具备了使用汉语进行听说和读写的能力。而英语是他们作为一门英语来学习的目标语。在谈到母语和目标语之间的关系时，人们经常谈到的是迁移问题。

迁移是指在学习过程中，学习者通过已经拥有的知识或技能来对新知识或技能的获得产生一定的影响。语言教学研究认为母语的迁移是可以影响到英语学习的，并在20世纪50年代吸纳接受了迁移理论。迁移是英语学习者经常采用的一种学习策略，学习者利用已知的语言知识去理解新的语言，这种现象在英语学习的初级阶段出现得最为频繁，此时学习者对英语的语法规则还不熟悉，只有汉语可以依赖，汉语的内容就很容易被迁移到英语之中。如果母语对目标语的学习起到了积极的影响，那么这种现象就被称为正迁移。反之，如果母语对目标语的学习起到了消极的影响，则被称为负迁移。

在对迁移现象的研究中，有三种主要的理论，即对比分析假说、标记理论和认知理论。对比分析学派认为母语和目标语的差异会导致负迁移的发生。立陶宛语言学家瓦恩里希（Weinreich）指出“两种语言（母语和目标语）相似引起正迁移；两种语言相异引起负迁移”。[①] 美国语言学家拉多也指出，“学生在接触一门英语时会发现该语言的有些特征相当容易掌握，而掌握另外一些特征则极其困难。其中，与其母语相似的成分简单，相异的成分困难。[②]”除了母语和目标语的异同，在考查语言的迁移问题时，还要考虑母语在什么阶段、在什么条件下会影响目标语的学习。这里要提及两个重要的非语言因素，其对母语知识何时会干扰第二语言习得的过程起着决定性作用：一是环境，二是学习阶段。从学习阶段来看，在初学阶段，学习者由于缺乏足够的目标语知识，在表达中往往更多地依赖母语，因此这一阶段有可能较多地出现母语知识的负迁移。中国学生在学习英语的过程中，语言迁移表现在语音、词汇和句法等各个层次上。

1. 语音迁移

在语言迁移中最为明显且最为持久的现象就是语音迁移。“人们普遍认为第一语言对第二语言的习得具有很强的影响，最为明显的证据就是第二语言学习者的外国口音。”[③] 英语和汉语分属不同的语系，两者在语音方面存在很大的差异。第一，汉语是一种声调语言，用四声辨别不同的意义。而在英语中，语调起着非常重要的作用，这一点很容易给说北方方言的学生造成特殊的语音语调困难。第二，英语和汉语中几乎没有发音完成一样的因素，两者之间的因素体系差别非常大。

2. 词汇迁移

初学英语的人很容易认为英语和汉语的词汇存在着一一对应的关系，每个汉语词汇都可以在英语中找到相应的单词。其实，一个单词在另一种语言中的对应词可以有几种不同的意义，因为它们的语义常不相吻合，呈现为重叠、交叉和空缺等形式。例如，汉语中的“重”在英语里有 heavy 与之对应，但是 heavy 的意义与“重”的意义并不是完全吻合的，在英语中，我们可以发现许多表达方法并不是汉语中的一个“重”字就能解决的。初学英语的人往往会把汉语的搭配习惯错误地移植到英语之中，于是出现了许多不合乎英语表达习惯的句子。英汉两种语言文化的差异也会导致两种语言词汇意义的差异。除少量的科技术语、专有名词在两种语言中意义相当外，其他词汇的含义在两种语言中都或多或少存在着差异，这些差异都有可能导致负迁移现象的发生。

① 周帆．高校英语教育教学理论与实践研究 [M]．长春：吉林大学出版社，2017.
② 马丽芬．高校英语多模态教学理论的解构与重塑 [M]．北京：中国原子能出版社，2020.
③ 周帆．高校英语教育教学理论与实践研究 [M]．长春：吉林大学出版社，2017.

3. 句法迁移

句法就是组词造句的规则，也就是传统所说的语法。英汉两种语言在句法方面既有些相同之处，也存在着很大的差异。首先，汉语是一种分析性语言，没有严格意义上的形态变化，主要通过词序和虚词的使用来表达各种句法关系。英语和汉语的这种差异很容易导致说汉语的英语学习者在学习英语时遇到困难，尤其对初学者来说，他们很容易受到汉语的影响，在使用英语时忘记词汇形态的变化。例如，名词的单复数、代词的主格与宾格形式、动词的时态变化等。其次，英语重形合，句子中的词语和分句之间常通过语言形式手段（关联词）来表达意义和逻辑关系。汉语则重意合，其意义和逻辑关系往往通过词语和分句来表达。受此影响，中国学生在使用英语时常按照汉语的习惯，只简单地把一连串的单句罗列在一起，不用或者很少使用连词。最后，英语和汉语在静态和动态方面也呈现出一定的差异。英语多倾向于用名词，因而叙述呈静态，而汉语多用动词，其叙述呈动态。例如，在“He is a big eater and a good sleeper.”这个句子中只用了 eater 和 sleeper 两个名词，而相对应的汉语应该是“他能吃能睡”，但如果要求学生把这个汉语句子译成英语，他们可能首先想到是“He eats and sleeps well.”这句话。英语名词化的特点使许多中国学生感到不适应，在写作中这一点表现得最为突出。

迁移并非总是坏事。有时候，由于英汉两种语言之间存在着很多相似或者吻合的地方，因此中国学生在学习英语时可以利用已有的汉语知识来促进英语的学习。例如，汉语中的形容词都位于它所修饰的名词之前，英语也同样如此，当学生学习了 beautiful 和 flower 两个词之后，就会很自然地说出“a beautiful flower”。英语和汉语句子结构的相似性也使正迁移成为可能，英语和汉语中有五种基本的句型是相同的（subject 主语，简称 s；verb 动词，简称 v；object 宾语，简称 o；complement 补语，简称 c）。

第一，s+v+predicative（表语）。

例如，He is a student. 他是个学生。

第二，s+v+adverbial（状语）。

例如，He works hard. 他工作努力。

第三，s+v+o。

例如，He is Learning English. 他学英语。

第四，s+v+indirect o（间接宾语）+ direct o（直接宾语）。

例如，I sent him a letter. 我寄给他一封信。

第五，s+v+o+c。

例如，He teaches us how to learn English. 他教我们学英语。

这些虽然都是简单句，但是几乎所有的复杂句都是建立在简单句的基础之上的，这就使得中国学生在学习英语时可以利用汉语知识实现正迁移。

与汉语和英语的关系这一问题相关的还有语言的社会功能问题。一个民族的母语是其民族的特征之一，母语教学对于培养学生的爱国主义情感具有重要的意义。如果因为英语学习而忽视了母语的学习，就会导致严重的后果。在新加坡，许多有识之士指出，新加坡 20 年来母语教育失败是造成社会凝聚力低的问题所在。实际上，在我国国内，类似的问题也同样存在，一浪高过一浪的出国潮与此也存在着一定的关系。

（二）处理汉语和英语之间的关系应注意的问题

在处理汉语和英语的关系方面应该注意以下两个问题。

1. 在学习英语的同时兼顾汉语学习

经济的全球化和科学技术的国际化正在成为新的时代特征，英语作为国际交往中最为重要的沟通工具，其重要性已经为越来越多的人所认识。目前，中国人学英语的热情空前高涨，从咿呀学语的幼儿到白发苍苍的老人，英语学习者不计其数。从幼儿园一直到大学，英语教育都是教育主管部门和学校领导所关注的重点问题之一。与此同时，剑桥少儿英语，全国英语等级考试，全国大学英语四、六级考试等国内外各个层次的英语考试也为英语学习的热潮推波助澜。另外，为了满足人们英语学习的需求，各种各样的教学方法，丰富多彩的学习用书、音像制品和软件也应运而生。这对于创造良好的英语学习环境，培养具有国际竞争能力的高素质人才，提高我国在国际竞争中的实力无疑是一件好事情。但是，这样的环境很容易给人们，尤其是学生（包括许多家长在内）造成一种错觉，认为英语比汉语还重要，从而忽视汉语的学习。不重视英语是错误的，而因为重视英语而忽视了对自己母语的学习也同样是不正确的。

2. 克服负迁移，促进正迁移

在对待汉语和英语之间的关系方面，有两种截然相反但都不可取的态度。

一种是依靠汉语来教授英语。培养学生使用英语进行交际的能力就是英语教学的首要目的。这种能力必须使学生大量地接触英语和使用英语才能获得。而英语教学的课时有限，要想在有限的课时内最大限度地使学生接触和使用英语，就必须尽可能地使用英语进行课堂教学。对中国的英语学习者来说，汉语是他们的母语，学生在学习英语时会自觉或不自觉地与汉语进行比较，如果在教学过程中过多地采用汉语，那么学生就会很难摆脱对汉语的依赖，养成一种以汉语为“中介”的不良习惯。在听说读写等语言活动中不断地把听到的、读到的及要表达的英语先转换成汉语，就会很难流利地使用英语，也不可能写出或讲出地道的英语。

另一种是完全摆脱汉语，全部用英语教学，这不仅难以做到，而且也是不可取的。在英语课堂上使用汉语要注意以下两点。首先，汉语作为教学手段，使用方便，易于理解，但是不能过分利用汉语。在解释某些意义抽象的单词或复杂的句子时，如果没有已经学过的词汇可以利用，那么可以使用汉语进行解释，另外，对发音要领、语法等难以用英语解释的内容也可以使用汉语进行简要的说明。其次，利用英语和汉语之间的比较可以提高教学的预见性和针对性。某些内容为英语所特有，学生学起来就比较困难，教师应该有针对性地将其作为教学的重点，适当增加练习量。对于两种语言中相似但是又不相同的内容，学生很容易受到汉语的干扰，教师在教学过程中要多加注意。

二、外国文化与中国文化

（一）外国文化与中国文化之间的迁移关系

英语教学过程中存在着大量跨文化交流因素，而这些因素又会对英语教学产生较大的影响。因此，《义务教育英语课程标准》把文化意识作为综合运用能力的一个组成部分，具体规定了各个级别对文化意识的具体要求。

小学毕业时学生应该具备以下几种能力：知道英语中简单的称谓语、问候语和告别语；对一般的赞扬、请求等英文做出适当的反应；知道国际上重要的文娱和体育活动；知道英语国家中最常见的饮料和食品的名称；知道主要英语国家的首都和国旗；了解世界上主要国家的重要标志物；了解英语国家中重要的节假日。

初中毕业时学生应该具备以下几种能力：了解英语交际中常用的体态语，如手势、表情等；恰当使用英语中不同的称谓语、问候语和告别语；了解、区别英语中不同性别常用的名字和亲昵的称呼；了解英语国家中家庭成员之间的称呼习俗；了解英语国家正式和非正式场合的服饰和穿戴习俗；了解使用英语的国家的饮食习俗；对别人的赞扬、请求等做出恰当的反应；用恰当的方式表达赞扬、请求等；初步了解英语国家的地理位置、气候特点、文化历史等；了解英语国家中的常见动植物；了解在英语国家中可能出现的自然现象；了解英语国家中传统的文娱和体育活动；了解英语国家中重要的节假日及主要庆祝方式；加深对中国文化的理解。

高中毕业时学生应该具备以下几种能力：理解英语中常见成语和俗语及其文化内涵；理解英语交际中常用的典故或传说；了解英语国家主要的文学家、艺术家、科学家的经历、成就和贡献；初步了解主要英语国家的政治、经济等方面的情况；了解英语国家中主要大众传播媒体的情况；了解主要英语国家与中国的生活方式的异同；了解英语国家的人们在行为举止、待人接物等方面与中国人的异同；了解英语国家主要宗教传统；通过学习英语了解世界文化，培养世界意识。

文化是指这个语言国家的历史地理、风土人情、传统习俗、生活方式、文学艺术、行为规范、价值观念等。文化包含两个方面的内容，一方面是城市、组织、学校等物质文化，另一方面是思想、习惯、家庭模式、语言等非物质文化。语言与文化具有密切的关系，这主要表现在三个方面。第一，语言是文化的重要组成部分。从文化的内涵来看，文化包括一个民族在长期的历史进程中创造的物质财富和精神财富，而语言正是精神财富的一个组成部分。第二，语言是文化的载体，因此它也是反映文化的一面镜子。语言反映一个民族的文化，解释该民族文化的内容。第三，语言与文化相互影响、相互作用。因此，理解语言必须了解文化，理解文化必须了解语言。

语言几乎都是具有丰富的文化内涵的，在一种语言中，从单词到语篇都可以体现文化的内涵。但首先需要注意的是，英语和汉语在单词方面存在显著的不同。有一些词只有英语中有，在汉语中并没有对应的词汇。有些词语在英汉两种语言中虽然看起来相同，但实际上指代的物或概念略有不同。举个例子，service station 和服务站一词的含义并不相同，rest 与休息也完全不同。此外，有些概念或物品在某种语言中的表达方式可能很有限，但在另一种语言中则可能有多种不同的表达方式。例如，中文拥有复杂的亲属称谓系统，包括姑妈、姨妈、舅父、外祖父和外祖母等多种词汇，但英语中相应的表达则更为简单。有些词汇虽然在基本意义上英汉语言相似，但在派生意义上差异很大。例如，peasant 与汉语中农民的意义接近，但是在英语中，peasant 往往带有贬义，《韦氏新大学词典》指出该词一般指未受过教育的、社会地位低下的人，而《美国传统词典》则指出该词的意思为乡下人，庄稼人，乡巴佬；教养不好的人，粗鲁的人。

英文和中文之间的差异在短语、成语和谚语方面也有显著的文化差异，特别是在成语翻译方面，问题更为棘手。《汉英词典》的一位主编、我国翻译家王佐良在《一部词典的编后感》一文中曾说，将布衣蔬食简单翻译为 wear cotton clothes and eat vegetable food 在今天恐怕会引起误解。在中国文化中，布衣蔬食代表着简单朴素的生活方式，然而在英美等国家并不具有相同的含义，素食已经不再是贫穷人的“专利”，而是成为西方医生给那些因过度饮食而患病的富人开出的处方。谚语是一种流传于民间的智慧箴言，它们常常体现了一个民族的地理、历史、社会制度、社会观念和态度。例如，“要知朝中事，乡间问老农”“衙门自古朝南开，有理没钱莫进来”都带有明显的中国文化内涵，而“An apple a day keeps the doctor away.”和“You can't teach an old dog new tricks.”则具有明显的英语文化内涵。

英汉两种语言的文化差异还体现在日常谈话之中。在中国，两个熟人相见经常用“上哪去啊？”打招呼，直译成英语就是“Where are you going？”用这句英语来打招呼，大部分英语国家的人听了会不高兴，他们的反应很可能是“It's none of your business！”译为不关你的事。英语国家的人们在分手时通常说Goodbye或者Bye bye之类的话，而按照中国的习惯，在说“再见”之前，往往还要有一番客套语，如“走好”“慢走”等，这些说法不能直接翻译成英语，否则听起来会让人感到很别扭。在英语国家，人们常常直接地称呼别人的名字。例如，Tom、Michael、Linda等，即使年龄悬殊的人之间也可以这样称呼，但是在中国就不能这样做，汉语中的称谓要比英语复杂得多。另外，在听到别人对自己称赞、夸奖时，美国人一般会选择大方接受，中国人则会表现出一种谦逊态度。

形成文化迁移现象的因素之一是英汉两种语言文化的差异。因为文化差异而引起的文化干扰就是一种文化迁移，它表现在跨文化交际中或英语学习时，人们下意识地用自己的文化准则和价值观来指导自己的言语和思想，并以此为标准来判断他人的言行和思想。文化的内涵分为三个层次：第一个层次是物质文化，它是经过人的主观意志加工改造过的；第二个层次是制度文化，主要包括政治及经济制度、法律、文艺作品、人际关系、习惯行为等；第三个层次是心理层次或称观念文化，包括人的价值观念、思维方式、审美情趣、道德情操、宗教感情和民族心理等。[①] 根据这三个层次可把文化迁移分为表层文化迁移和深层文化迁移两种。第一层次和第二层次的文化迁移大体属于表层文化迁移，因为这些文化要素是容易观察到的，人们稍加注意就可以感觉到不同文化在这些方面的差异。深层文化迁移是指第三层次中文化要素的迁移，由于它属于心理层次，涉及人们的观念和思想，因此在跨文化交际中不容易被注意到。与前面所说的语言迁移相比，文化迁移更容易给学生造成交际的障碍，因为本民族文化根深蒂固，人一生下来

① 赵常花．媒体融合视角下的大学英语教学理论与实践研究[M]．北京：企业管理出版社，2020．

就受到本民族文化的熏陶，其言行无一不受到本民族文化的影响与制约。

与语言迁移类似，文化迁移也有正、负迁移之区别。有学者指出，以往在研究关于英语学习中的迁移理论对母语以及母语文化的干扰问题时，对负干扰研究得较多、较透彻，同时，对负迁移的作用也有夸大之嫌。[①]因此，在英语文化教学过程中，同样需要重视母语文化的教学。首先，要深入了解影响信息传递的文化因素，包括语言因素和非语言因素，就需要把教授和发现的结果与英语学习者的母语文化，即汉语文化进行比较。只有进行了这种文化比较，才能发现交际过程中各种因素的影响。通过比较不同文化知识，我们可以明确哪些内容需要更重点地教授和理解，这样在教学中就能更有针对性地进行指导，避免不必要的冗余教学，提高教学效率。其次，英语教学不仅仅是介绍和引进具有国外文化、知识、技术、科学等的人才，而且还担负着中国文化输出的任务。在进行跨文化教学交流时，不仅要重视对西方文化知识的教学，也要重视对中国文化的教学。如果不能两方面同时兼顾，就可能会造成自卑、媚外等心理障碍，从而影响双方之间的平等交流，影响跨文化交际能力的培养。最后，充分掌握汉语与汉语文化也是英语学习和英语交际能力不可分割的重要组成部分。我国英语界和翻译界前辈的治学经历就很好地说明了这一点。王佐良、许国璋、李赋宁等英语界泰斗的成绩在很大程度上得益于他们深厚的汉语与汉语文化的根底。许多著名的翻译家如巴金、鲁迅、叶君健、杨宪益、萧乾等，他们本身就是中国文学作家，他们的译作水平达到很高的境界在很大程度上也是因为他们本身就是中国文化专家。

（二）处理外国文化与中国文化之间的关系应注意的问题

基于上述讨论，我们在处理外国文化与中国文化之间的关系方面，要注意以下几个问题。

1. 传授文化知识

从培养学生的英语交际能力来看，英语教学不能是单纯的语言教学，还应扩大学生的视野，了解英语国家的文化和社会风俗习惯。因此，在英语教学中需要渗透有关文化知识的教育。从素质教育的角度来看，我们需要培养适应国际竞争要求的具有现代意识的人才，他们应该面向世界，思想开放，善于吸收其他民族的优秀文化，提高本民族的文化素质。在这一方面，英语教学肩负着不可推卸的责任。但是，文化知识的教育必须适度，应该渗透在英语教学之中，与英语教学

① 郑侠，李京函，李恩．多元文化视角下的大学英语教学研究[M]．北京：知识产权出版社，2018．

相结合，不能为了传授文化而传授文化。在英语教学中，文化知识的传授主要通过在英语教学中导入文化的内容，主要方法包括注释、比较、融入和体验四种。注释是指在教材中对具有文化内涵的内容进行注释和讲解，这种方法的优点在于它具有很强的针对性，缺点在于比较零散，缺乏系统性。比较是指在教学中将中国文化和外国文化进行比较，从而发现两种文化的异同，它可以有效地加深学生对两种文化的理解，培养学生的文化意识。融入是指直接把外国文化或中国文化的内容作为英语教学的材料，如一篇介绍英国风土人情的文章或者介绍中国茶文化的文章，这样可以把语言学习与文化学习有效地结合起来。体验是指通过具体的语言实践学习来了解外国文化，如观看英语原版的电影、卡通片，阅读英语文学作品，举行圣诞晚会等。

2. 兼顾外国文化知识和本国文化知识的传授

目前，我国的英语教学实践中还存在着对汉语文化知识的教学不够重视的问题。即便是通过了四、六级英语水平测试甚至是英语专业毕业的学习者，也没办法翻译，如《西游记》《红楼梦》《水浒传》《三国演义》四大名著这样的中国古典文学名著。部分有相当英文程度的中国青年学者在与西方人交往的过程中，并没有表现出一个来自世界文明古国的学者所应具有的深厚文化素养和独立的文化人格。部分中国学者不知令西方人也十分崇敬的孔夫子的英文译名是 Confucius，甚至还有人闹出过把 Mencius（孟子）当作异国圣者而译为“门修斯”的笑话。

3. 培养学生的跨文化意识

跨文化意识是指学习者对中国文化与外来文化的共性与差异的敏感性，能自觉地适应外来文化，并能自觉地适应其所说的话。文化教学的目标是培养学生的跨文化意识，使其能根据英语中所蕴含的文化习性，运用英语来进行交流。在培养学生跨文化意识的同时，还要注意培养学生的文化平等意识。一方面，我们要克服民族傲慢的心理，不注重对西方文化的吸收；另一方面，我们要避免因为崇拜外国而产生自卑感。

4. 培养学生的文化鉴赏能力

学生的价值观与道德观都处于形成阶段，思维活跃，容易接受新事物，但又缺乏一定的鉴别能力。在学习外国文化的时候，如果不加以适当指导，他们就很容易盲目地接受西方文化的行为准则、价值观念和道德观念，从而对本民族的传统文化产生淡漠，甚至遗忘。

三、语言知识与语言技能

（一）语言知识与语言技能之间的关系

语言知识包含三个部分，即语音、词汇和语法。在英语综合应用中，语言知识是必不可少的一部分，也是培养学生英语综合应用能力的重要依据。英语教育的一个重要目的，就是要让学生具备英语的一些基本知识。语言是一种交流的手段，但它又是一种以声学为基础的语言，人们的语言交流活动是由人类的发声器官所发出的。英语的发音与语法、构词、拼写有关。良好的发音不仅有助于提高学生的听说能力，还有助于提高学生的文法及词汇量。

词包括英语中的单词和习惯用语。词这一概念是我们非常熟悉的，但要对词下一个准确的定义却不容易。语言学家对词下定义时说法不一，措辞不同。概括来说，词是语音、语义和语法特点三者的统一体，是语句的基本结构单位。每个词都有一定的语音形式。在口语中，主要通过语音以区别于其他的词。每个词都有一定的意义，这些意义根据其层次又可以被分为字面意义和隐含意义两种。字面意义就是词的本义，隐含意义则是指词的本义以外的意义，即附加意义。例如，一个单词对不同的人来说有不同的意义，如 gentle、weak 等。一个词的含义，有些可能是文化背景、社会背景、性别或年龄相近的人的共识；另外一些含义则因个人的经历不同而不同。每个词也都有一定的语法特点，在句子中充当一定的功能，词的功能的改变有可能会引起词义的变化，如下文所示。

He went down the hill.

Three enemy planes were downed.

第一句中的 down 是介词，其词义表示方位，即“沿着……往下”，而第二句中的“down”是动词，表示“打下”的意思。

英语中的习惯用法又称习语，具有语义的统一性和结构的固定性两个特点。习惯用法是固定的词组，在语义上是一个不可分割的统一体，其整体意义往往不能从组成该词组的各个单词的意义中推测出来。词汇是构建语言的素材，虽然拥有足够的词汇量并不意味着拥有高的语言能力，但要想拥有更好的语言技能，就必须拥有充足的词汇量。

文法是对一种语言结构的描写，它描述了单词、词组等是怎样组合而成一个句子的。语言是词的一种线性排列，这种排列不是任意的，而是遵循一定的规则，且这种规则是本语言社团所共同接受的。不同的语言具有不同的语法，汉语与英语的语法就具有很大的差异，英语学习者要想使用英语进行交际也必须遵循英语的语法规则。

语言技能是一种使用语言的能力，它包含了四个方面，即听、说、读、写。其中，说和写是一种产出性技能，而读和听则是一种接收性技能。听力是一种辨别和理解词语的能力，也就是通过听力来了解词语的意思；说是指运用口头语言来表达自己的想法，并将信息传递出去；阅读是一种对文字的理解，也就是识别字符，把字符转化成有意义的信息输入；写就是用文字来表达自己的想法，并把所要表达的信息传递出去的一种能力。听、说、读、写是学习和运用语言所必需的四项基本语言技能，它是学生进行交际的一种重要形式，是他们形成综合语言运用能力，获取信息和处理信息的重要依据和手段。

在英语教学中，英语知识与英语技能是英语教学的重要内容。二者是相辅相成的关系。首先，语言知识是培养语言技能的基本条件，没有对英语发音、词汇量、文法等方面的知识，任何语言能力都无法培养；但是，在听说读写等活动中，人们常常能够感觉到、体验到，并获得所需要的知识。

（二）处理语言知识与语言技能之间的关系应注意的问题

在英语教学过程中，我们在对待语言知识与语言能力的问题上，应注意如下问题。

1. 二者同时兼顾，防止厚此薄彼

英语教育的目的在于培养学生的学习兴趣。交际教学法是基于对传统语法翻译教学方式的批评而产生的，其根本原因之一就是它偏重于语言知识（以语法为主）的教授，而忽略了语言技能的培养。讲课的教师在课堂上不敢讲授语法等语言知识，害怕那样做就会被指责为没有采用交际教学法。这种把语言知识和语言技能对立起来的看法是错误的。

语言知识是语言技能的基础，只注重语言技能而忽略语言知识的观点是错误的。语言的综合能力包括多个方面，除语法知识外，还包括社会语言学能力（在完成某种言语行为时，怎样才算得体）、语篇能力（观察并运用各种衔接手段等）及策略能力（交际策略，在交际中遇到困难时，采用某种手段回避）。第一，我们必须学习语法，不学习语法，语言能力就无法提高；第二，学习语法的目的不在于掌握一定的理论，而在于运用一定的语言，既要遵循一定的文法准则，又要遵循一定的社会文化准则；第三，语言能力并不局限于单句，而是涉及语篇。在英语教学中，我们不应局限于教授和学习，应将学生语言知识的学习与语言技能的培养相结合，以提高语言技能为目的，在促进学生语言技能发展的同时，也不应忽略其语言知识的学习。

2. 立足于语言实践活动

语言知识的教学不只是简单地讲授语言知识，特别是在英语基础学习阶段，应以听、说、读、写为主要手段。通过提示、注意、观察、发现、分析、归纳、对比、总结等方式来进行语言知识的教学，要自觉地让学生参加这些活动，让他们在学习语言知识的同时，拥有科学的思维方式。

3. 听、说、读、写协调发展

英语初学者可以先从听、说、读、写做起，但要迅速地提高阅读和写作水平。在这四种能力的关系上，我们应当避免两个误区：一是只运用单纯的“听说法”，使学生不能直接接触到写作材料；二是与中国人学习语言的实际情况不符，中国人学习语言最容易运用的方式就是阅读。但是，如果只注重客观条件，对阅读和写作的重视程度过高，就会造成“聋人英语”“哑巴英语”等现象。

四、教师与学生

（一）教师与学生之间的关系

在英语教学活动中，教师和学生都扮演着实践者的角色，他们之间的关系是决定英语学习成败的重要因素，需要适当处理。如果把英语教学比作一幅画，那么教师就是画家，学生则是画布。只有教师和学生紧密配合，才能确保教学质量。

学生应该成为学习的主角，英语教学需要注重以学生为中心。作为教师，其核心工作之一是指导和协助学生学习英语。因此，教师需要能够灵活运用多种教学方法，以适应学生在生理和心理上的不同发展特点。教师还需要通过精心调整教学策略，帮助学生克服学习过程中可能遇到的心理障碍，从而激发他们在学习中的主动性和积极性。教师应该考虑到每位学生的独特性，因材施教，以便满足不同学生的需求。此外，教师还需要提升学生自主学习的技能，协助学生养成优良的学习习惯。在关注学生自身的重要性，坚持以学生为中心的原则时，教师需要全面考虑学生的个体特征，包括但不限于对学习的动机和态度、性格及认知习惯等，来适应英语学习相关个体差异的需求。

英语学习的成功与学生的学习态度和内在动机密切相关，只有拥有良好的学习态度和强烈的动机，才能取得良好的英语学习成果。态度是个人对于某种事物或人的赞赏或反感的情感反应。态度由认知、情感和意向三个方面构成。认知意味着个人对事物的认知、观念或看法。情感是针对事物产生的赞美或批评的反应。意向是指个人在处理事务时倾向于采取的行动或态度。研究显示，在学习第二语言时，态度和学习成绩的相关性比在学习其他学科时更为显著。动机可以根据其来源分为内在动机和外在动机，前者指由内在因素产生的动机，后者则指由外在因素产生的动机。个人对所做事情本身的兴趣是内在动机的来源。外在动机是由外部条件带来的影响，如来自父母的认可、激励或惩罚，也可以是在考试中获得的高分等外在因素。教师应当注重培养学生的内在动机，同时也要留意对学生的外在动机进行引导和培养。内在动机和外在动机具有相互作用的特点。

英语学习的成就往往与个人的性格有密不可分的关系，因为在学习中，有些性格特质如自信、乐观、勤奋和责任心等，对学习成果有着重大的积极影响，人们的个性特征，如内向和外向、紧张和压抑等方面，也会在英语学习过程中发挥重要的作用。性格外向的学生往往具有愉快、热情、社交能力强、口才好的特质。因此，人们通常认为他们更适合学习英语。反之，性格内向的学生则通常沉默寡言、不太活跃、不善于表达自己的想法，因此在一般人的印象中，他们不太适合学习英语。外向型的学生更乐意在学校和生活中使用英语，勇于提问和回答问题，对于犯语法错误或出洋相也不会感到畏惧或尴尬。因此，他们的英语水平可能会比内向型的同学提升得快速。相比于外向的学生，性格内向的学生倾向于投入更多时间去进行语言形式的练习和研究，这意味着他们可能会更加全面和准确地理解语言结构。

在英语课堂上，应根据学生个体差异，为其提供个性化的指导和辅导。对内向的学生来说，一个轻松鼓励的课堂环境会帮助他们更愿意尝试使用英语，从而更有冒险精神。对于那些倾向于外向的学生，教师需要有针对性地提醒他们注意使用准确的语言。极度焦虑会妨碍英语学习，然而如果一点焦虑感都没有，那也不会有助于学习英语。考试焦虑可以被细分为促进型和防御型两种。促进型焦虑可以激发学生的学习热情，让他们准备好应对新的学习挑战，而防御型焦虑则会导致学生回避学习任务。实际上，焦虑是与周围环境密不可分的现象。除了人的个性因素外，学习环境、学习任务的性质及个人的先前经验等都对焦虑的产生有影响。做事情前，最好做好充分的准备工作，明确目标并预测可能出现的挑战，找到应对方法。同时，要对成功结果有清晰的想象，并提升自信。在这种情况下，过度的不安会自然消退。

抑制是一项心理防御机制，可以使人在面对外部威胁时保护自己，其与人的自我尊重紧密相关。随着对自我的认知加深，人们逐渐形成了自我保护的防御机制。婴儿出生时并没有意识到自我存在，然而随着成长，他们会逐步认识到自己与周围事物的区别。随着个体自我认知能力的提升，人们逐渐生成了独特且个性化的情感特征。青少年时期，身体、思维和情感都发生了变化，导致人们会采取抑制行为来保护自己，避免受到挑战个人价值观和信仰的观点、经历和感受的影响。这种决心在青年时期达到巅峰，并持续到成年期。因此，在语言学习过程中，自我意识比较脆弱的学生往往会因为害怕出错而不参与语言活动，不过这种抑制行为可以通过适当引导来克服。

认知方式是指人们组织、分析和回忆新的信息和经验的方式。就认知方式而言，英语学习者可以分为两种：场依存和场独立。测量场依存型的学习者时，让学习者观看一个复杂的图案，并找出隐藏在图案内部的几个简单的几何图形。这样做的目的是看他们能否把看到的东西分解成若干部分，并能使这些部分脱离整体。因为语言学习者需要从上下文中分离语言项目以便更好地理解它们。例如，在读一页材料时，他们必须能够识别词、短语和句子，并能理解这些部分内容如何结合起来构成一个整体。场依存型的学习者依赖教师教授的知识，他们对于知识信息只进行接收，而不会分析思考，同时还非常依赖别人的看法，需要别人的鼓励支持，一般留给别人的印象是直率，使用英语与别人交往的技能可能会有较好发展。他们对自己本身有很强的意识，往往对别人不太敏感，不喜欢接近别人。场独立性的学习者在英语结构知识方面学习起来更容易些。尊重学生的主体地位，以学生为中心，这并不意味着要降低教师的主导作用。

（二）教师在处理师生关系时应充当的角色

在英语教学中，教师要充当以下角色。

1. 语言知识与文化知识的传授者

要在英语学习中取得良好的口语、听力、阅读和写作能力，中国的英语学习者需要掌握丰富的词汇量和英文语法基础，这些知识是语言技能的基石。此外，还需要对西方文化有所了解。从这个角度来看，教师需将英语语言及文化方面的知识传授给学生。然而，教授知识的方式有许多种，传授知识并不一定要采取“灌输式”的教学方法，让学生“机械性”地接受知识。教师在传授知识时，应紧密结合语言实践活动，鼓励学生在探究中学习，在教师的指导下自主探索。

2. 语言技能的培养者

教师的工作不仅是传授语言知识，更重要的是培养学生的语言技能。导演对演员进行演绎指导以帮助演员更好地理解角色并呈现出更好的表演。教师教授语言技能的目的在于协助学生运用所学的语言技能进行交流。

3. 语言使用与交际的示范者

模仿是学生学习的主要方式之一，而教师则是学生的主要模仿对象。因此，教师要拥有出色的语言基本功，才能成为学生模仿的正确对象；此外，教师应使用适当的语言水平，以便学生能够轻松理解并模仿其所说话语。

4. 语言交际活动的组织者和参与者

为了提高学生的英语交际能力，需要开展许多实践活动，因此教师需在课堂内外根据学生的水平和教学需求，组织多种形式的交际实践活动。此外，还有许多场合要求教师在活动中担任特定的角色，在与学生互动中激发学生的兴趣并引导他们发现新的语言现象，促使学生在无意中掌握语言用法。

5. 语言学习过程的诊断者与咨询者

学习英语是一个漫长的过程，学生在此过程中会遇到许多难题和困惑。因此，教师需要根据学生的具体情况进行诊断和分析，发现学生遇到问题的原因，并提供相应的建议，以帮助学生克服难题，解决疑问。如果想达到这个目标，首先，必须确保教师具备优秀的理论知识，掌握英语教学以及和英语教学有关的学科基本理论，理解英语学习的过程。其次，教师需要有一定的反应能力，能够及时、准确地意识到学生在不同阶段面临的难题和问题。

6. 语言学习材料的推荐者和提供者

中国学生在学习英语时需要接受充足的语言输入，仅凭单一教材是不足以满足需求的，还需要额外添加一定的语料。当下市场上的学习资源应有尽有。一般情况下，学生及其家长在选择教材时存在一定程度的盲区，因此，教师需要结合学生的实际情况和学校的教学要求，为学生提供建议或者供应合适的学习资料。

7. 学生学习动力与学习兴趣的激发者

英语教学必须以学生为中心，因为学生是学习的主体。学生在英语学习中的成功与否取决于他们的动力水平和对学习的热情程度。教师需要通过多种方法来激发学生的学习意愿和兴趣，以及充分了解学生的特点并在教学过程中善加利用。例如，将好奇心、渴望成功和进步的心态以及表达能力融入学生喜闻乐见的教学方法中。此外，教师需留意学生的学习进程并时常给予其鼓励，若学生在语言使用过程中出现问题，应避免对其过度批评，以便维持学生在学习过程中的自信心。

8. 语言学习规律的学习者和研究者

每位英语教师无论是在任教之前，还是在整个职业生涯中，都要扮演英语学习者的角色，以了解语言学习的规律。学习历程会为教学提供很多有价值的实践经验和教训，这些经验和教训将对教师的教学产生深远的影响。但仅凭感性经验还不足以有效指导教学活动，必须将其提升为理论知识。因此，教师应不断自学，提升自己的语言能力，并以此为先决条件。另外，教师需要将自己的实际教学经验与科学方法结合，以探索和研究英语学习的基本规律。

第二节　大学英语教学的基本原则

一、交际性原则

语言是交际的工具，人们主要通过语言来交流思想、传递信息。交际是在特定语境中说话者和听话者、作者和读者之间的意义转换。由此定义我们可以得出以下几点启示：第一，交际包括口语和书面语两种交际形式；第二，交际总是发生在一定的语境之中；第三，交际需要两个以上的人参与并产生互动。学习英语的首要目的就是使用英语进行交际，而英语教学的首要目标就在于培养学生的交际能力。交际能力的核心就是能够运用所学的语言知识在不同的场合与不同的对象进行有效的、得体的交际。因此，在英语教学中首先要贯彻交际性原则，使学生能用所学的英语知识与人交流。教师要在教学过程中努力做到以下几点。

（一）充分认识英语课程的性质

英语课程的核心是培养技能，即使语言成为一种交际工具。教师应该教授学生如何正确地使用语言，而不只是灌输语法规则和词汇的使用方法。因此，提高学生的语言交际能力是英语教学的最终目的，要使学生能用所学的语言与人交流，获取信息。在教学过程中，教师教授知识，学生接受并掌握知识，并且能够运用所学知识解决问题，这三个方面相互配合，构成了一个有机而不可分割的整体。而在这整个过程中，最为重要的是学生的实际应用。因此，教师转变以往陈旧的教学观念，认清课程的性质，是落实交际性原则首先需要解决的问题。

（二）开展多种形式的交际活动

言语是人们实现交流的手段，而交流往往发生在特定的背景条件下。场景指的是一种情境，包括时间、地点、参与者、交往方式以及涉及的话题等多个要素。讲话者的言辞、口吻等因特定情境、身份、时空背景的限制而受到限制。因而在基础英语教学中，教师需要将所教授的内容置于相关的背景中，以使其更加具有意义。此外，在特定的环境下学习英语，可以让学生有身临其境的感觉，从而增强他们的英语学习兴趣。因此，在英语教学中应考虑交际的特征，利用教学资源，创建与学生现实生活相关的场景，让学生在真实或逼真的英语交际训练中受益，提高学习兴趣和效果，并实现知行合一。

（三）注意培养学生语言使用的得体性

传统的英语教学偏重语法结构的正确性教学，而根据交际性原则，学生要具备良好的交际能力，需要其能够在适当的时间、适当的地点，以适当的方式向适当的人讲适当的话。这一点与创设情境，开展多样的交际活动密切相关，如课堂游戏、讲故事、猜谜语、编对话、角色扮演、话剧表演、专题讨论或者辩论等，都有助于学生在创设的情境中充分表现自己，从而掌握地道的语言。

（四）精讲多练

英语课堂的工作不外乎讲和练两种。前者是指讲授语言知识，后者是进行语言训练。在课堂上，适当地讲授一些语言知识是必要的，可以提高学生学习的效果。就如同学习游泳一样，在下水之前，教师讲解一些注意事项、游泳的动作要领，有助于提高学生在水里训练的效果。但是，英语首先是一门技能，技能只有通过实际训练才能获得。因此，教师必须清楚，讲解的目的在于帮助学生更好地训练。在语言训练的过程中教师要针对学生的具体问题给予“画龙点睛”式的点拨。这不仅有利于培养学生的语言交际能力，还有助于学生养成良好的学习与思维习惯。在进行了必要的讲解之后，教师要给学生留出足够的训练时间。

（五）注重教学内容的真实性

语言与现实生活密切相关，教学活动的设计与教学内容的选择一定要考虑这一因素。英语教学需要将语言与学生关注的话题紧密结合，提供丰富、广泛、贴近学生生活的信息材料，以满足学生的需求。此外，要确保教学内容的真实性，就需要确保教材和教师使用的语言都是真实可信的。换句话说，教材和教师应该使用将英语作为母语的人在日常交流中使用的语言，而非专门为教学定制的语言。

二、兴趣性原则

我国古代教育家孔子把学习分为三个不同的层次：知学、好学和乐学。他认为“知之者不如好之者，好之者不如乐之者”。兴趣是最好的老师，是推动学生学习英语的最强有力的动力。学习兴趣是学生积极探求事物并带有感情色彩的认识倾向。它可以使学生在学习活动中变得积极主动，从而获得更好的学习效果。[①]学习兴趣有定向功能、动力功能、支持功能和偏倾功能。首先，定向功能。学习兴趣作为影响学习过程的一种非智力因素，其作用是最为明显的，也是最为持久的，它往往决定着学生的进取方向，为学生一生的事业奠定基础。其次，动力功能。学习兴趣与人的情感活动密切相关，可以直接转化为学习的动力。当学生对学习英语具有浓厚的兴趣时，学习就不再是一种负担，而是一种乐趣。再次，支持功能。英语学习是一个漫长而又复杂的过程，伴随着许多的困难与挫折，学习兴趣对于克服困难、战胜挫折、保持旺盛的精力起着支持作用。最后，偏倾功能。人们往往从自己的兴趣出发去审视事物，表现在英语学习上就是每个学生的兴趣不同，学习的侧重点也就有所不同。有的学生对记忆单词特别感兴趣，有的学生特别喜欢阅读英语文章，还有一些学生特别喜欢用英语写点东西。对于这些侧重点的差异，教师需要因势利导，在学生原有侧重点的基础上，将其引导到全面正确的学习轨道上来。为了激发和培养学生学习英语的兴趣，教师应该做到以下几点。

（一）了解学生，尊重学生的主体性

在学习过程中，学生充当了中心角色，承担了学习的核心任务。在基础英语教学中，教师应以学生的心理和生理特点为基础，革新传统的教学方法，让学生通过亲身体验和实践来开展学习。传统的语言学习方法推崇初学者要在学习过程中掌握音标，精通语法，同时记住一定量的单词。在教学英语课程时，需要考虑学生的心理和生理特征，遵循语言习得规律，通过采用听、说、唱、演、读、写、看等多种方法改变学生的学习方式。这样可以激发学生的兴趣，培养语感以及提高交流能力，特别是在初级阶段需要更加注重以上方面。

（二）防止抱令守律的教学倾向

英语学习需要一定的死记硬背和机械性操练活动。但过多的机械性操练很容

① 周帆．高校英语教育教学理论与实践研究[M]．长春：吉林大学出版社，2017.

易导致课堂教学的死板与乏味，容易使学生降低甚至失去学习英语的兴趣。为了帮助学生更好地运用英语进行交流，在教学过程中，教师需要注重科学设计教学，包括知识、实践和策略等方面，以创造一个启发学生思维的学习环境。教师可以通过多种途径让学生获取知识，促进知识的内化，让学生在听、说、读、写等语言交际实践中能够自如地运用英语，将所学语言知识转化为实际交际工具。这样，学生在获得交际能力的同时，综合素质也会得到相应提高，学生的学习兴趣才会得到巩固与加强。

（三）挖掘教材，激情引趣

教材是英语教学的核心，教师要想最大限度地调动学生学习的积极性，就要在备课中认真地研究教材，挖掘教材中的兴趣点，使每堂课都有新鲜感，都有让学生感兴趣的内容和活动。

（四）善于激励学生，培养学生的自信心

对学生来说，学习兴趣能否保持主要取决于他们能否获得成就感，且这也与学习成果密切相关。为了激发学生的积极性，教师应该采用多种方法，如提供奖励、设置任务、授予荣誉、建立信任以及给予情感支持等，以激发学生的参与热情，让他们勇敢尝试，并享受到成功的乐趣。

（五）注意发现和收集学生感兴趣的问题素材

教师要注意发现和收集学生感兴趣的问题素材。例如，在教数字时，请学生收集自己家里所有的数字，学生可以收集家里的电话号码、邮编、电动自行车牌照、汽车牌照等，还可以收集全家人的鞋子尺码和衣服尺码、父母的身高、家里的藏书数目、自己的手办数量等。这样，一节枯燥的数字课就会上得热闹非凡，笑声不断。

（六）增强教师与学生之间的交流

一个班级的学生来自不同的家庭与环境，教师要平等地对待每一个学生，对学生充满爱心，通过各种形式与学生进行交流，真心地与学生交朋友，用自己对学生的热爱去影响学生，而且教师要活泼，富有幽默感，才能获得学生的尊重与喜欢。实践表明，一个学生对某一门课程喜欢与否，往往取决于他对该授课教师的态度。另外，教师还要寓思想教育于教学之中，结合英语教学培养学生的道德情感和对英语学习的热情，营造和谐、宽松的课堂气氛，注意保护学生的自尊心。

好的情绪转到学习中就会变为一种兴趣和动力。教师在严格要求学生的同时，还要给学生营造和谐的学习氛围，通过一个眼神、一个手势、一个微笑或一句赞许的话去影响学生。

（七）改变传统的英语测试方式

应试教育是学习兴趣的最大杀手。在评价基础英语课程时，应注重学生的发展过程，包括学生的学习态度、参与程度、付出的努力、交流和合作能力等方面，进行形成性评估。对学生的评估可以使用分级制或达标方法记录，但不应该将学生按分数排名或将分数作为各种评比或选拔的唯一依据。

三、灵活性原则

灵活是兴趣之源，灵活性原则是兴趣性原则的有力保障。语言是生活的必要的组成部分，是一个充满活力、不断发展的开放性系统。为了更好地进行英语教学，教学方法、学习方式和语言使用方面需要具备灵活性，以适应语言的本质和学生的特点。此外，教师还需要注重丰富多彩、具有趣味性的教学方向。

（一）教学方法的灵活性

在英语教学史上曾经出现过许多种不同的教学方法和流派。例如，语法翻译教学法、视听教学法、交际教学法等，每种方法都有其自身的优势与不足，教师应该兼收并蓄、集各家所长，切忌拘泥于某种所谓流行的教学方法。英语教学包括语言知识和语言技能两个方面，语言知识包括语音、词汇、语法等内容，不同的语音、不同的词汇、不同的语法项目都具有不同的特点。语言技能包括听、说、读、写四个方面，其中又包括许多微技能，而学习者的个体差异也是千差万别的。因此，在英语教学过程中要综合学生特点、教学内容及教师自身的特点，创造性地开展多种多样的教学活动，充分体现教学方法的多样性和创新性，使英语课堂新鲜有趣，从而激发学生学习英语的热情，挖掘学生的潜能。教学的内容也要体现多样性的原则，不光要教英语，还要教学习方法，结合英语教学教学生如何做人。

（二）学习方式的灵活性

教学方法和教学内容的灵活性可以有效地带动英语学习的灵活性。教师应尽力打破过去单一、机械的学习方式，引导学生去探索符合英语学习规律，并适合学生生理、心理特点的自主学习模式。这样做可以提升学生自我学习、自我激励、自我管理的能力。将基本功训练和自由练习结合，使训练同时具有静态因素和动态因素的特点，以便学生集中进行综合练习和单项练习。通过反复实践训练，使学生在英语发音、拼读、语调、书写等方面建立稳固的基础，并能够在表达时恰当运用英语表情，进行简单而有效的交流。

（三）语言使用的灵活性

英语学习的关键在于使用，教师要通过自身灵活地使用英语来带动和影响学生使用英语。教师应该尽量在课堂上用英语组织教学、讲解、提问和布置作业等，以便让学生感受到英语的实际运用，从而增强他们的学习动力和兴趣。英语教学的目标不应该仅仅是让学生听课和记笔记，而应促使学生积极参与，并通过有意义的交际活动使用英语以实现自己的目的和愿望，体验成功和感受快乐。此外，教师还可以通过灵活的任务设计帮助学生自如运用英语。对于作业的布置，应注重实际应用能力，如要求学生录制口头作业并听磁带回放，或者让学生轮流用英语进行日常报道、陈述和新闻评论等。

四、宽严结合原则

宽与严指的是如何对待学生在学习过程中所出现的语言错误，也就是如何处理准确和流利之间的关系。学习一门英语是一个需要耐心投入的长期过程。学生从一开始只理解母语，到逐渐熟练掌握一门新的语言体系，需要跨越多个不同的发展阶段。从介语的角度来看，在每个阶段，学生使用的语言都是一种用于过渡的临时性语言。它并非翻译成自己的母语，也不是自己未来需要掌握的目标语。在学习英语的过程中，犯语言错误是不可避免的，有很多错误在使用这种过渡语时会出现。传统的分类方法将错误分为语法、词汇和语言错误。语法错误又被进一步分为冠词、时态、语态错误等。这种分类方法主要基于语言形式，而忽视了语言的交际使用。对各种错误的分析是第二语言习得研究的重要课题，因为通过对这些错误的分析可以发现学生的学习策略，其实这些策略也正是学生产生这些错误的原因。第一个原因就是迁移。需要说明的是，许多人都想当然地认为迁移是英语学习者产生错误的主要原因，但是许多研究表明，由母语干扰所造成的错误在所有错误中所占的比例并不高。第二个原因是过度概括。学习者根据他所学的语言结构做出概括，然后去创造出一些错误的结构。

对待错误，有两种极端的做法是不可取的。一种是把语言错误看得非常严重，有错必纠。这样做的理由是小学生正处在英语学习的初期，一定要学到正确的东西；如果对学生的语言错误听之任之，那么一旦养成习惯就很难改过来了。这种做法产生的结果就是在学生讲英语时，教师往往会抓住学生的错误不放。这样很容易挫伤学生学习英语的积极性，使他们害怕犯错误，久而久之就不敢开口讲话了。另一种做法是对学生的语言错误视而不见。这样做的理由是熟能生巧，认为只要多说就能慢慢自我克服这些错误。这类教师强调的是学生语言的流利程度，但结果会导致学生毫不注意语言的准确性。

犯错是英语学习的必经之路，从无意识的错误到意识到错误再到自我纠正错误，每个英语学习者都要经历这个过程。只有经过这个过程，才能达到流利的程度。因此，教师应该鼓励学生勇于尝试，不害怕犯错，同时也要耐心倾听和纠正他们不够流畅的英语表达。一方面，教师应该始终用准确的措辞影响学生的言行；另一方面，如果学生的语言错误妨碍了信息的传递，那么教师应该在积极鼓励的基础上对其进行必要的纠正，以确保学生使用英语的准确性。也就是说，在英语教学中，教师应该采取宽严结合的方法。当以交流为目的时，对学生的语言错误采取宽容的态度；当目的在于学习语法时，需要采取严谨的态度。采用宽严相济的方式教学，不仅能确保学生打好扎实的语言基础，而且能激发学生的英语表达热情，让他们更加勇敢地运用英语。

遵循宽严结合原则正确的态度应该是“既要强调准确性，又要重视流利程度”[①]。我们可以把这个情况分成两类：针对初学者，不应过度纠正其语言错误，而应更积极地鼓励他们使用英语进行交流；为了不影响学习者的学习积极性，可以适度地指正他们语言中的错误，但必须在他们达到中等及以上水平的前提下进行。换句话说，随着学生年级的升高，要更加注重精确性。此外，在写作文或在课堂上演讲时，则更应该强调准确性。

五、输入输出原则

输入是指学生通过听和读接触英语语言材料，输出是指学生通过说和写来进行表达。输出建立在输入的基础上，在此意义上，输入是第一性的，输出是第二性的。起初，人们在学习英语的过程中，通常能够更多地理解，而表达的能力则相对有限。换句话说，人们理解的范围比他们自己表达的范围更广泛，即阅读能

① 杨杏园，赵爱华，李欢．高校英语技能训练研究[M]. 长春：吉林人民出版社，2021.

力通常比写作能力更强。虽然我们能够品味小说、散文以及诗歌等精美的文学作品，然而并不是所有人都有能力写出同样出色的作品。此外，语言输入的量越大，语言输出的能力就越强。也就是说，我们听的东西越多，读的东西越多，表达能力也会越强。美国语言教育家克拉申认为有效的语言输入应具备三个特点。第一个特点是可理解性。他认为，如果学生不能理解所输入的语言，那么这些输入无异于噪声，是不能被接受的。第二个特点是趣味性或恰当性。输入的语言材料要使学习者感兴趣。要使学生对语言输入感兴趣，最好使他们意识不到自己是在学英语，把其注意力放在意义上。第三个特点是足够的输入量。目前的英语教学严重地低估了语言的输入量的重要性。要习得一个新句型单靠做几个练习、读几段语言材料是远远不够的，还需要数小时的泛读以及许多的讨论才能完成。[①] 教师在教学过程中应该注意以下几点。

（一）尽可能多地让学生接触英语

为了帮助学生更好地理解，教师需要使用视觉、听觉和阅读等多种方式教学，如实际演示视频、举生动具体的例子和讲解内容贯穿学生日常生活和学习情境的材料。同时，教师需要选择适合学生英语水平的材料和具有时代特色的读物等。另外，学生学习的内容不要局限在课本之内，教师应该打破课堂内外的界限，帮助学生扩大语言接触面。

（二）输入内容和输入形式的多样化

学生接触的英语既是有声的、又是有图像的，还是有文字的，而且语言的题材、体裁及内容要广泛，来源多样化。在我们日常生活中，特别是在大中城市，英语已经成为我们接触最多的语言之一。举个例子，我们可以在日常生活中接触到许多英文单词，如文具、衣服、道路标志、电器等上的英文。通过这些实物，学生可以轻松地学到英语知识，而且不会感到枯燥乏味。除此之外，教师还应注意根据上述语言输入的分类，尽可能地为学生提供多种形式的输入。

（三）注重强化学生的理解能力

只要内容容易被学生理解，就可以将其向学生展示和阐释。此外，也可要求学生仅仅理解内容，而无须马上要求他们以口头或文字表达的方式呈现。从教学

---

① 张玉洁．信息时代大学英语教育现状与教学模式探究[M]．北京：北京工业大学出版社，2019．

目标而言，对语言技能应该有全面的要求，但是从教学的方法来看，应该先输入后输出。

（四）为学生提供的语言材料要符合学生的实际情况

仅仅依靠语言的输入是不可能掌握英语、形成综合运用英语的能力的，还需要通过口头和书面的表达来检验和促进语言的输入。在增加可理解的语言输入的同时，在理解的基础上不断进行有效的实践活动，这些实践活动在基础英语教学中包括一定的模仿练习。学习语言需要模仿，但关键在于选择恰当的模仿对象和方法。如果学习者只注重语言表面形式的机械模仿，而忽视语言的实际应用，那就无法确保他们能够在实际生活中真正运用语言。例如，要求学生仅仅掌握语音、语调的精确运用，机械地记忆某些句型和句式结构，却并未真正让他们理解这些结构所传递的含义，这样学生在离开教室后会无法熟练运用所学的知识。为了有效地进行模仿，最好模拟真实生活情境，并注意语言结构所传达的信息，特别是在结伴学习和小组练习的过程中，通过实践运用所学语言，学生才能够将发音和语义有机结合起来。英语学习的研究者也指出，教师不仅需要拥有易于理解的学习材料，还需要提供易于理解的语言输出练习。

第三节　大学英语教学的基本目标

一、帮助学生理解英语

教师使学生懂英语的过程是一个使能过程，并不是使学生掌握技能和学习本领，而是使学生动脑筋，学习语言知识。学生的学习过程不是一个行为过程，而是一个心理过程，教学的中心仍然是学生。学生是关键的参与者，而教师只是帮助者和使能者。但在这个过程中，学生不是学会英语，而是要扩展其思维活动，获得新的知识。教师的任务是提供学生所需要的一定量的知识。这里的关键是“知识”一词。

学习语言通常有两种方式：学习语言和学习有关语言的知识。在此，知识指有关语言的特点和运用的知识。但掌握语言知识也可以称为懂英语。它既表示学习英语意味着学会有关语言的知识，也表示学会说这种语言。这两种解释实际上代表了两种不同的教学模式。从第一种模式的角度讲，学习知识可以只让学生理解和记忆即可，而不必让学生进行实际的操练和实践，其重点是心理活动。从第二种模式的角度讲，学生不仅要理解和记忆所学的知识，还要学会实际的语言运用技能，学会把所学的知识运用到实际语言交际中去。同时，还要学会在一定的文化语境中，即在目标语文化中，从事所要进行的交际活动，并学会语言要完成的交际功能，以及所要运用的语言知识。因此，教师教学的目标也有两种：使学生学会有关语言的知识和使学生会讲这种语言。

二、帮助学生学会英语

在教师使学生学英语的过程中，学生学习英语，教师帮助他们达到目的。学生是行为者，是教学的中心。教师是使能者，可以采用各种各样的手段来帮助学生学习英语，例如，可使用各种各样的现代化技术和设备来帮助学生学习。

这一教学模式距离现代教师对教学的认识十分接近。教师首先考虑的是学生，教师的角色就是指导和帮助学生。但现代教师没有考虑到的是学生的任务是什么性质的，是什么样子的，只是想当然地认为学生如何学习，也就是说，教师对教学目标没有很好地进行限定。从教学方法和程序上讲，教师把教学的主体变成学生，教师的角色只是帮助学生达到学习目的，应该说这是一个很大的进步。但这个过程提供的是方法，并没有提供教什么。教师可以根据让学生自己学，由被动变主动来考虑学什么和达到什么目标的问题：这个教学过程的目标是使学生学会英语。

以上所讲的都是物质层面的过程，也就是说，教学的过程被看作一种行为或动作，即做事情或完成任务等。

三、给学生传授语言知识

教师把英语知识传授给学生的教学过程是物质的交流过程。在这个交流过程中，主要的参与者是给予者和礼物，即教师和他所教授的语言，而学生的存在是偶然的，他只是被给予的对象。从人际交流的角度讲，教师像赠送钢笔等物品一样把英语“给予”学生。在这种情况下，教师通常要教给学生他们自认为是“好”的英语，如“标准英语”“文学英语”等。在这种交流过程中，教师处于绝对控制地位，学生则完全处于被控制的地位。所以，学生认为什么是好的英语是无关紧要的，因为他没有发言权。

教学的重点是语言，实施者是教师，学生只是受益者。这似乎是传统英语教学的模式。教学的目标是教给学生教师认为是“好的”或者是“美的”英语，使学生学会标准的、高雅的英语。从方式上讲，教师在不停地教，学生则只能不停地接受。至于学生愿不愿意接受和能接受多少，教师不太注意，注意的是学生是否在接受。教师通常为自己所选择的“美的”教学材料，或者“美的”教学方式所陶醉。教师的快乐在于知道学生懂得了自己在课堂上所教授的内容并且欣赏自己的教学内容和课堂表演。

四、训练学生的英语技能

教师用英语教导学生。从人际交流的角度讲，这一教学过程的重点仍然是教师，学生是参与者之一，但只是一个被动角色。学生的参与受到外界因素的影响，受到教师行为的支配，没有学习的主动权。但在这一过程中，教师不再简单地像给予学生东西一样把语言传授给学生，而是使学生提高了技能，达到教师的训练目标。从课堂内容的角度讲，在这一教学过程中，教师通常提供大量的课堂训练和练习，以及大量考试，其教学目标是使学生掌握运用语言的技能。

从教学方式上讲，教师主要给学生进行大量训练，开展许多活动，学生则是这些活动的参与者和训练对象。这种教学模式既相似于传统教学法中教师主导一切的模式，也相似于模式训练法的教学模式，学生只是被训练的对象，没有主动权，所以难以发挥自身的主观能动性。这是一种结构主义和行为主义的教学模式。教师不仅要督促学生学习语言知识，而且要使其获得语言技能，但这种技能不是实际运用语言的能力，而是一种语言模式，并且这些模式大部分是一些根据结构主义理论提炼出的语言结构模式，而不是根据情境语境中的语境模式而提炼出来的语言功能模式。

五、发展学生的意义潜势

教师使学生成为讲英语的人的教学过程被看作一个关系过程。教师仍然是一个使学生能够做某个事情（讲英语）的人，但他不仅仅是使学生能够做某个事情的人，更是使学生成为一个能讲目标语的人。语言被视为一个潜势，称为意义潜势。教学的目的是使学生掌握这一潜势，使学生会用语言来表达意义。这显然既包括使学生掌握有关语言的知识，也包括使学生掌握语言表达的能力，学会用所学的语言说话。

通过对以上几种教学模式进行比较分析可以发现，教学过程主要被看作一个物质过程，是一种活动，主要参与者是学生和教师。即使是心理过程，教师也是一个使学生做事情的人，是个控制者，而不是感受者。但在应用各种教学模式的教学过程中，教师所起的作用是不同的。教师可以作为控制者和行为者，学生是目标，也就是说，学生只能被动地接受教师传授给自己的、任何他认为重要的东西；教师也可以作为训练者，让学生做一系列活动和动作，他是指挥和指导者，学生是活动的进行者和行为者；教师还可以是使学生做事的人，其组织学生从事一系列学习活动。从这个角度讲，这几种教学模式有一个共同点，就是教师的作用越来越趋于向“背景”移动，把主要角色让学生来承担，学生越来越成为教学活动的主角和中心。这也是现代语言教学理论和方法发展的趋势。通过对以上几种教学目标的分析和比较可以发现，英语教学的主要目标是让学生掌握英语学习技能。

英语知识的学习只是辅助的，有利于促进英语学习，但不能代替英语技能的训练。英语教学的较高目标模式应该是综合性的，是以发展学生的意义潜势为主的目标模式，但最高目标应该是培养学生的跨文化交流能力。

六、培养学生的跨文化交流能力

随着英语教学改革的深入，培养学生交际能力的意识越来越深入人心。但在英语教学实践中可以发现，尽管教师在培养学生听、说、读、写等言语技能方面花费了大量心血，但教学效果并不明显。通过分析就会发现，现行的围绕听、说、读、写、译等语言技能训练所编的教材及所采用的教学方法存在着一定问题。严格地说，目前大学英语教学还没有突破语言知识掌握和言语技巧训练的框架，学生所学到的更多的是语言表面的知识。因此，笔者认为，英语教学仅仅重视言语技能的训练是不够的，还必须注重交际能力的培养。经验表明，单纯的口才技巧训练并不能自动提高人际交往的能力；除语言因素之外，形成良好的交际能力还需要掌握社会文化能力、语境能力、行为能力等多种因素。要提高学生的交际能力，英语教学不仅需要教授语言知识和技能，还需要专注于跨文化语言和运用能力的培养和训练，以提高学生在特定的社会文化情境中的跨文化交流能力。

英语教学的最高目标是让学生发展跨越不同文化之间的交流能力。英语教学是一种文化交流和融合的过程。这个任务要求学生在转换目标语文化（英语文化）与他们已有的知识时保持平等的条件，并且需要积极地理解和吸收与自己国家文化不同的信息，而这又不能受任何条件的限制。因为英语与汉语存在很大的差异，所以在学习英语过程中，难免会遇到由于文化差异而带来的阻碍和挑战。为了克服这一难题，英语教学需要注重文化教育，在教学过程中切实开展英语文化教学。英语教学还需要先传授语言知识和发展言语技能，这是必要且基本的前提条件。然而，要提高跨文化交流能力，则需要深化学习，达到更高的目标，前者是达成目标的手段，而后者则是具体的目标。

第二章　多模态英语教学模式的来源

随着科技的进步，人们越来越多地运用非语言的手段来表达自己的话语含义。此时，交际采用两种或者多种模式同时进行，如用多媒体课件上课是图像、文字、口语同时进行的。在不同的交流模式下形成的语篇被称为多模态语篇。多模态话语研究的蓬勃发展使得大学英语教学具有了很强的多模态性。随着多媒体的发展，人们对多模态话语越来越重视，并随之对其进行了专门的研究。

本章主要介绍了多模态话语各模态之间的协同关系、多模态话语的认知过程分析、认知理论与多模态英语教学中的多媒体使用。

第一节　多模态话语各模态之间的协同关系

一、多模态话语的媒体系统

交际媒体是多模态交际中的使用工具，只有区分开模态和媒体的概念，才能正确领会各模态之间的关系。有学者提出，模态是一种符号系统，它既可对比，又可对立，而媒体则是符号分布印记的物质手段，如说话时所发出的声音及手势动作。还有学者认为，在教学过程中，运用多种模态来展开信息的传播有三个理论依据：第一，物质的媒介在社会中经历很长一段时间后，已经变成了意义产生的资源，它可以将不同社团之间交流的意义表达出来，这就变成了模态；第二，不同的语言模式相互融合，并在同一时间起着不同的作用，而这些相互作用又促进了语义的生成；第三，用户为了满足社交网络中的信息传播需求，往往会不断地改变自己的表达方式和传播方式，这样，旧的模态就会被新的模态所代替。可见，模态的物质基础是媒体，如果没有媒体，模态就毫无意义。这便是讨论媒体分类和作用的原因。

本文所说的媒体指的是所有符号系统的媒体。语言媒体是人们在实际交往中首选的媒体，因此，可以把媒体分为语言媒体和非语言媒体。从任何语言学的角度出发，声音符号和书写符号是能够实现意义传播的两种语言媒体，这两种媒体是语言传播的主要媒介。随着科技的发展又出现了更多的媒介，如电脑、手机、平板电脑等移动终端都可以对声音和文字进行识别，但是最后的传播媒介仍然是声音或字符。这些语言媒体对语言意义的表达具有十分关键的作用，稍有不慎就会改变整体意义。在实际交往中，肢体媒体和非肢体媒体是非语言媒体的两种形式。肢体媒体指的是人们利用表情和动作形成的媒体符号。非肢体媒体是指不通过交际者的肢体而产生作用的媒体，如交往中所用的设备以及周围的环境等。现代飞速发展的科学技术使非肢体媒体变得越来越发达。例如，教学中常用的投影设备、无线网络设备等。交际者还可以利用身边的人、物和周围的环境因素等进行交际。

多模态话语中“多”的含义十分丰富，它既包括交际者的视觉、听觉、触觉、嗅觉等感知渠道，又包括交际时的各种媒介及其符号，如声音、语言、动作等。多模态话语使“话语”不再局限于语言和文字两种表达方式，而是由多种方式表达的意义实体。多模态话语可以体现出“话语”更深层次的意义及复杂性。

媒体是没有意义的，它只是一种载体，只有通过形式表达才能让媒体具备一定意义。模态用两种手段对媒体进行组织和构建：一种是媒介符号被直接赋予某种特定意义，如“红灯停、绿灯行”，红绿灯在这里是由媒介和含义构成的，因此，红绿灯的作用也就是指示作用；另一种是文法，文法可以将单一的符号或许多符号结合在一起，使其具有特定的含义。

二、多模态话语形式之间的关系

（一）多模态话语间关系的理论基础

受到意识形态和文体体系的限制，交际者在一定的语境下，依据具体的语境和交际目标，选择适当的文体和文体结构来表达所要传达的意思。交际者可以选择，如图表之类的视觉形式来表达，也可以选择，如音频之类的听觉形式来表达。在系统选择的过程中，最重要的一点是将不同模态之间的关系利用好，让不同的模态互相配合，从而构建出动态多模态话语的整体意义。由于不同的模态所反映的意义都属于相同的交际事件，因此必须将其整合为一体，才能产生交际意义。多模态话语间的协同关系集中反映在模式的形式层次上，也就是词法层次上。

模态间的关系并非一成不变，而是处于随着时间的流逝而不断改变的动态过程，可以是一个以影像为主，以文字为辅，或者以文字为主，以影像、动画为辅的过程。若以意象为主体，则意象与意象间亦有相辅相成之关系。这一动态的文字—图像—动画的关系与交流事件的发展有着紧密的联系，这就是动态的多模态话语分析的重点。

（二）课堂中多模态之间的关系

课堂教学话语是以多模态为特点的。多模态基本上分为五种：视觉模态、听觉模态、触觉模态、嗅觉模态和味觉模态。教师的话语在教学中属于主要模态，但是话语是抽象的，不能形成具体的、形象的且能够存留的信息，因此在教学过程中还需要多种模态相互配合。在一般的课堂教学中，文字是话语的主要补充方式。但是在科学技术飞速发展的今天，新技术能够为课堂教学提供更多的模态配合，各种模态之间相互协同，共同构建有意义的课堂教学。在研究各种模态话语形式之间的关系时，首先需要考虑的是多模态语言在交流中的运用有何意义。是身体上的需要，还是精神上的需要？或者说，多模态可以让人更好地理解交际双方的真实目的是什么？通常来说，一种模态不能很好地表达出交际者的意思，于是就需要用另外一种模态来加强、补充、调节、协同，让交际者可以更充分、更准确地表达出自己的真实意思，让对方更好地理解交际者的意图。从这个方面看，多模态话语的作用就是要充分表达讲话者的实际目的。

典型的多模态话语模式是指一种模态的话语不能充分表达其意义或者无法表达其全部意义，需要借助另一种模态补充，这种模态之间的关系称为互补关系。例如，在课堂教学中，教师的话语不能充分表达其真正目的，而借助投影仪播放一段动画，使语言和视觉模态相互补充，达到使学生充分理解和记忆深刻的目的。

在这种互为补充的关系中，各种模态都有各自的功能，如语言，它在多模态中起着基本的交流功能。另外一种模态是互补的，互补是增强或弥补缺陷。增强关系通常是一种或几种模态对基本模态的增强。例如，英语课堂上，教师用图片和视频对语言教学进行强化。补缺是在两种模态缺一不可的情况下，互相作为对方的补充，视觉和听觉就是一对模态组合。

非互补关系是指其他模态在表示意思时对基本模态没有显著影响，但仍可作为一种意思表示。在此基础上，可以概括为模态重叠与情境互动。模态重叠是指两个或多个模态在同一时间出现，但它们之间并无加强关系。语篇与语篇之间存在着正、负两种不同的关系。情境在参与交际的过程中，所依赖的是交际者的交际目的和方式。因此，多模态性多体现在对情境依赖较强的交际中。

三、多模态话语在英语教学中的协同关系

在漫漫历史长河中，语言研究已有上千年，但是对多模态的研究只有十年。在课堂教学中，语言教学仍然占据主要地位，其他的多种模态教学只是起着不同程度的辅助、强化或补充的作用。随着科技的高速发展，知识时代强调信息传播的多样性及技术的重要性，尤其是数字技术的广泛应用。计算机技术的发展为多模态教学提供了更加便利的条件，结束了几千年来话语和文字占统治地位的教学方式，图像、动画等新技术成为教学的主要手段。多模态相结合的教学方式成为重要的研究领域。交际工具的多样化和语言的丰富性要求教学方法应该向多元识读教学法发展。多元识读能力主要表现为多模态的识读能力，为了提高学生识读多模态的能力，教师在授课过程中需要把多模态协同应用于课堂教学，同时，要注重课外教学中多模态的运用，使学生在体验中提高多模态识读能力及应用能力。

（一）多模态话语在英语课堂教学中的协同关系

1. 课堂话语的意义建构

课堂语言的语义构建是一个符号化实践和物质化的过程。这里主要从三个方面对英语课堂教学中的语篇进行研究。课堂教学包括教学内容、师生关系、教学模式三个部分。课程内容的提纲是在美国教育家布卢姆的理论指导下制定的；不同的符号源是通过交互作用而形成的；元函数理论为学习过程中各种符号之间的交互作用提供了解析的方法，使学生能够通过认知和理解各种符号之间的交互作用来实现语义的建构。建构主义理论认为，在教学情境中，符号对语义的建构起着重要的作用。意义构建是学生根据已有的知识对现实情况进行认识并理解的过程，是学生个体建构与社会协商的结果。

鉴于其他模态具有与话语模态相近的作用，因此要对多模态进行系统描述，对多模态交往过程中形成的结构进行分析与研究。首先要研究的是语言系统中的词汇语法，多数语言的词汇和语法系统都能得到系统的研究与描述。而对各个模态的系统和结构的研究，在大多数情况下到了意义层面就不能真正厘清词汇语法系统和意义系统的区别。因此，现阶段对多模态的研究还处于认识阶段。下面根据我国大学英语教学的实际情况，探讨各种模态之间的协同合作关系。

2. 大学英语多模态课堂

（1）大学英语多模态课堂中的要素

教师、学生、教学内容以及教学媒体是构成大学课堂教学的四要素。这四个

要素对课堂教学来说缺一不可。在课堂教学的过程中，教师利用教学媒体，将教学内容传授给学生，学生是学习的主体，教师是课堂的主导，各个要素相互影响与制约，使教学具备了特殊的意义。在教学过程中，如何利用多模态使课堂四要素的功能得到充分的发挥，是值得英语教育者思考的问题。

一是教师。教师处于课堂教学的主导地位，不仅在教学过程中，而且在课前组织和课下反思中都发挥着重要的作用。教师在语言表达上，除了用口语表达，还用面部表情、声调语气等多模态话语对学生进行教学。话语表达是课堂教学的基本模态，教师的声调、语气、音量、口音等都会对教学产生影响。在平常的教学中，对英语教师的基本要求是发音标准、音量适中、抑扬顿挫、字正腔圆。

在课堂学习过程中，学生仅使用听觉模态是不行的，还要通过视觉模态帮助理解和强化记忆。一个人的真实情感和情绪都可以在面部表情上得以体现，因此面部表情是师生交流情感的纽带，起着不容忽视的作用。在课堂教学过程中，教师可以用点头、微笑、眼神和学生进行情感的交流，这经常会起着“无声胜有声”的作用，不仅能增进师生之间的感情，还能活跃课堂气氛、增强学生的自信心。

同时，身体语言在课堂教学中也起着强调与补充的重要作用，甚至可以替代话语。当学生不能明白教师的讲解时，可能通过教师的一个手势就能立刻理解其所讲之义。另外，教师的着装也会对学生产生影响，过于鲜艳的颜色容易分散学生的注意力。

二是学生。在课堂教学中，学生处于主体地位。学生是多模态教学课堂的重要组成部分，学生在学习过程中应主动探寻未知世界并进行知识建构。在多模态课堂教学中，学生应积极调动自身的感官，主动接收通过视觉、听觉、触觉等获得的信息，主动建构自己的知识体系并及时与教师进行沟通。学生通过听、说、模仿等练习提高口语能力和听力能力。想要说一口地道的英语，必须通过大声读书和模仿练习才能实现，这种练习属于听觉模态符号。学生回答教师的提问表明学生能够积极参与课堂学习。多模态课堂教学中这种学生的行为反馈，是教师对课堂教学进行把握的关键。师生之间的眼神交流具有一定的传递作用。如果教师从学生的眼神中看到的是崇拜和激动，那么会觉得这堂课的教学是成功的，是有意义的。如果教师看到学生不愿意与自己进行眼神交流，学生无精打采、昏昏欲睡，那么教师会认为自己的教学是失败的，需要反省自己的教学方法，调动一切有利因素提高学生的积极性。

在多模态课堂教学过程中，一些话语的意义需要通过非语言因素体现。这不仅要求教师注意语言语气、手势体态，也要求学生对教师的教学内容做出反馈行为，用语言或眼神与教师进行交流。这样既可以促进教师改进教学方法，又可以构建和谐课堂，实现多模态教学的最佳效果。

三是教学内容。教学内容是指为了实现教学目标，要求学习者系统学习的知识、技能和行为规范的总和。在多模态教学中，教学内容的传播主要以视觉模态和听觉模态为主。

视觉模态符号由书面语言和与教学相关的图片等组成。随着计算机技术的发展，多模态教学中大多会用到多媒体。教师在制作PPT（演示文稿Power Point，以下简称PPT）时，要充分考虑到字体、背景、色彩、图片等因素，使多媒体课件发挥最大的作用。在情景教学中，实物展示最利于学生单词的识记及内容的联想；图片是对文字最重要的补充，有时一张图片比一段话更加形象和直接；视频是对图片的补充，它能更加生动形象地实现教学目标，有利于活跃气氛，加深学生的理解。当然，过于繁杂的教学模态可能会影响到教学效果。听觉模态符号由教师的讲述、录音的播放、学生的发言和讨论等组成。教师字正腔圆的讲述能够得到学生更多的关注，使学生了解更多相关的知识；同学的发言和讨论也会激发学生学习的主动性，促进学生之间的知识和情感交流，发散思维学习英语。音频材料在英语教学中使用得比较广泛，学生通过长期的、大量的听和练，才能提高听力水平和口语水平，进行练习时，要选择合适本阶段学生学习的音频资料，太容易的达不到提高的效果，太难的又会打击学生的自信心。

四是教学媒体。教学媒体指的是在教学过程中传递信息的方式。计算机和互联网的发展为多模态教学提供了技术基础。多模态教学指多种模态协同合作，在英语教学中使用的多媒体教学平台、语音教学平台以及网络互动平台是多模态英语教学的辅助手段，让学生能够身临其境地享受英语教学，激发学生的学习热情，从而达到最佳的学习效果。

教学过程是指教学活动的开展，是教师在已有硬件资源的基础上，结合学生特点，借助一定的教学条件，指导学生认识教学内容并在此基础上得到身心发展的过程。在英语教学中，各种模态相互协同发生作用，有教师的口语表达，学生之间的问题讨论，还有通过PPT展现的图片、文字、动画等。下面将简单叙述多模态如何实现课堂教学话语的意义。

（2）大学英语多模态课堂的教学过程

根据功能对教学过程进行分段分析，建立了可以为教师提供参考的基于多模态的英语教学语类结构。其中，有七个阶段是必选因素，六个阶段是可选因素，两种因素的顺序可以根据所教内容安排。基于多模态的英语教学语类结构可以总结为启动—教学目标—（学习要求）—（过渡阶段／复习阶段）—引入—文化背景—课文内容—语言讲解（与语言相关的活动或与情景相关的活动）—学生自学—主题类总结—语言类总结—作业（与作业相关的活动）—评价。另外，笔者还通过对布卢姆改进后的教学目标分类方法的研究，归纳出了各子目标下教师所应扮演的最优角色。

（3）大学英语多模态课堂中的角色建模

角色建模是从社会协同的视角，对角色之间的相互作用进行分析，并对扮演该角色的实体所应该具有的任务与能力进行定义，从而构建出一个完整的角色描述。模型集中于对象在系统中的地位、职责、与其他角色互动的行为。在人物模型语言中，有两个最基础的人物，一个是人类，一个是非人类。在教室中，人的角色是指教师与学生的角色；非人的字符是指诸如教科书、黑板、音频、录像之类的多媒体。教师的角色是行动的启动者，而学生的角色是行动的推动者，录像、音频、教科书和黑板是行动的推动者。教师角色策划、设计、组织实验，对教学活动进行反思，将教学理念付诸实践，而学生与这些非人角色则会对教师的行为做出反应，并产生互动。

（4）大学英语多模态课堂教学的环境

大学英语是一门公共课，也是一门必修课，全校几乎每个专业的学生都学习英语课程。随着科学技术的进步，新技术在教育中的广泛应用使大学英语的课堂呈现多模态化。口语、文字和图片的结合，音频和视频的适当选用，让学生通过视觉、听觉等感官体验产生一种身临其境的感觉。多模态化英语教学能最大限度地培养人才，满足社会发展的需要。

大学英语课堂多模态环境由媒体、模式构建而成。学生是媒体服务的对象，是课堂信息的接受者，课堂上主要采用视觉、听觉、触觉三种模态。在多模态大学英语课堂上，学生与学生之间传递信息，学生也反馈信息给教师，通过口头表达、书面表达、肢体动作等方式进行信息传递与反馈。

（5）多模态在大学英语课堂中的协同建构

21 世纪的大学英语课堂不单是语言模态教学，而是多种模态协同完成的教学模式，包括口语、文字、图片、音频、视频、动画等。不同的符号系统在适当的语境中表达出交际者的目的，但是系统符号不会独立表达交际者的目的，而是和其他模态符号共同表达交际者的目的。就模式而言，课堂教学包含着各种模式的协作：一是语言模式，主要体现在师生之间的语言交流；二是以幻灯片形式呈现，包括图片、文字、视频、声音等；三是师生在课堂上的互动；四是师生之间的肢体语言；五是教师的脸部表情；六是课堂空间的布置和周边环境的关系。

大学英语课堂教学的目标是指教学活动实施的方向和预期达成的结果，它是一切教学活动的出发点和最终归宿。教师既要教会学生，又要管理好学生。

课堂布局属于视觉模态的范畴，它界定了教育情境，并界定了师生之间的权力与地位关系，以及师生之间的角色。课堂讲台是教师的权力与责任的象征，是教师权威性教学的重要手段。

课堂教学以听觉模态为主。教学的过程实际上就是口头交际的过程，视觉模态只是为课堂教学提供了背景信息，起辅助和强化听觉模态的作用。

在课堂教学中，教师的话语占主导地位。学生接收的主要信息来自教师的话语，因此，对教师话语的质量有较高的要求：口语表达要准确深刻，要有正确的语法、精准的词汇、字正腔圆的发音以及匀速的表达。大学英语要求教师具有很高的英语口语能力。此外，教师在课上的发音、语调、节奏、吐字清晰度都会影响教学效果。在听觉模态内，各模态之间协同合作，辅助口语模态进行教学。

教师在实际工作中也会使用视觉模态作为话语模态的补充，即用图片或动画补充话语模态，用面部表情或手势辅助话语模态进行意义的表达。此外，在课堂上，教师还可以运用人际含义，例如，亲切的表情、整齐的着装、笔直的站立、恰当的走动，从而达到提高课堂效率的目的。所以，当教师表现出冷漠、面无表情、不友善的态度时，都会对课堂教学产生不同程度的影响。

教学与一般的交际不同。一般交际所需的信息难度较小，而且不需要记忆。而教学所需的信息难度较大，不仅是信息的传递，还需要记忆，尤其是英语教学，需要学生获得相关的语言能力，注重学习能力的培养。因此教师需要利用口语、图片、音频等工具，对教学内容进行强化，用PPT对所教知识进行补充，尽量达到真实语境的效果。

多获得反馈。言语交际是双边的，教师只教而学生不学也不能达到教学目的，教师应尽量获得学生的反馈，没有什么比口语交流更能提高英语交际能力的办法了。

（二）多模态话语在英语课外教学中的协同关系

随着互联网技术的发展，有许多聊天室和在线访谈服务为学生的口语练习提供了便捷的场所，在这样的环境下，每个学生都能进行课外练习，并将此作为课堂教学的辅助手段。

第一，对教师来说，可以在一个固定的网页中建立一个特定的网页，或者把一个学生的网页引入一个新的网页。各协作站点统一标识，并完成授权学生用户、布置作业等任务，以导学方式吸引学生进行学习资源的分享与协作学习项目的创造。

第二，教师可以利用 QQ、微信、电子邮件或各种学习软件，在线辅导学生学习，及时评改作业，还可以建立 QQ 群、微信群，实现即时的交流与讨论。有时候，课堂讨论并没有线上讨论那么激烈，一方面是因为学生具有思考周期，另一方面是因为有些学生性格比较腼腆，且有的学生碍于情面不好意思当面反驳别人。另外，课堂时间有限，用于讨论的时间更有限，在课堂上不可能进行深度讨论。这些问题都可以通过教师的博客得到解决。教师以匿名的方式将同学的稿件上传到博客，并让同学以匿名的方式对这些稿件提出意见或建议。这样做会得到更加激烈的讨论，进而提高知识的传播度和理解度。经过这种课上课下的学习与讨论，可以增强学生的学习兴趣，提高学习效果。随着科技的发展，先进的教学手段必将伴随先进的教育理念并服务于先进的教育理念。如果使用了先进的教学手段，却沿用老旧的教学理念，那么只能是从“人灌知识”到“机灌知识”的改变，仍然在同一水平徘徊。多媒体教学是促进教育理念更新的关键，对此多数教师都深有体会。

第三，网站可以提供页面流量统计与分析的功能，这些功能有助于教师了解有多少学生参与了线上协作学习，有哪些学生对哪些栏目感兴趣，有利于教师对协作学习进行更加客观的评价。

第二节　多模态话语的认知过程分析

一、多模态话语分析的理论基础

多模态话语分析的理论基础是系统功能语言学，可以从语法、形式、媒介、话语意义、文化背景等多层次对多模态话语进行研究。除语言媒体，科学技术媒体为话语交际提供了更多的选择外，可以用各种各样的模态作为话语模态的补充，更加真实地表达交际者的目的。

二、多模态话语理论的实际应用

近年来，对多模态话语理论的研究逐渐深入，该理论的应用范围也越来越广。但目前对英语写作教学的应用研究仍然不足。

（一）认知与信息处理

认知是对信息整合的过程，包括信息整理、信息输入、信息产出和信息改编。对篇章信息的认可，可根据篇章自身包含的树状信息加以整合，如对篇章的命题、信息的发展方向、信息的分类、信息的缺少、信息的重合等。非篇章信息则可以转换为篇章信息，通过描述语言的方式来进行。对非篇章信息内容的感知和识别都是多模态的，若信息内容不同，采取的模态形式应不同，认知结果也不尽相同。例如，针对篇章信息，读者需要依据自身不同的感觉模态进行英语五大能力的认知，即听、说、读、写、译的认知。非语篇信息则通过视觉、听觉等模态来感知，并通过触觉模态转换为篇章信息。各种领域的信息都可以归结为篇章或非篇章信息，并且通过听觉、视觉、触觉等多模态感知和识别。认知心理学、感知心理学和二语习得理论都涉及认知的概念。认知语言学家针对篇章认知过程的分析展开了大量的研究，成果丰硕。语言学者也提出了许多概念和多种模式，如脚本、框架和图示等。除此之外，以篇章为层面的认知分析也展开了一系列的研究，提出了重要的模型，如篇章的宏观框架。而心理语言学则从知识的角度探究信息的构成。认知是指对文本信息和非文本信息进行多维、多层次的处理过程，包括信息接受、整合、储存、转换和输出。篇章信息和非篇章信息是相互关联的，因此在传递信息时必须牢记篇章信息的作用，且不可忽视对非篇章信息的处理，只有在篇章信息的基础上对非篇章信息进行思考和表达才能达到最佳效果。

（二）多模态认知方式

在互联网和多媒体的教学情境下，多模态是师生借助自身的视觉、听觉、触觉等多种感官实现对知识的获得、感知和表达的方式。多媒体教学情境涉及图片、动画、音频、视频、幻灯片等手段，以达到便于人们采用多模态方式提供、获得和认知信息知识的目的。针对学习方面，多模态学习和认知方式包括听觉学习、视觉学习和触觉学习三方面，触觉学习又可以分为体验学习和实践操作两种方式。

在具体教学中，采用多模态教学方式就意味着将课堂设想为多模态话语模式互相连接的符号系统，如听觉、视觉、触觉、音频、视频等符号相互交织。课堂上掌握这些意义本质的只有教师一个人，因为模态和模态所代表的意义有着深刻的社会根源和文化积淀。因此，要经常依据情境改变信息的传达和表达的方式，以适应不同交际者对信息表达的需求。

三、多模态话语在教学过程中的认知分析

在对信息的认识过程中，人们往往使用不同的模态对不同类型的信息进行认知。语篇信息可以通过视觉、听觉、触觉等模态对信息进行认知；非语篇信息可以通过视觉、听觉、展示等模态来认知，也可以用说、写等触觉模态将其转换为语篇信息。

（一）多模态教学的概念

英语学习实际上就是一种通过多模态方式传递信息的过程。多模态教学是指教师在教学过程中利用多媒体技术，将信息通过口语表达、图像展示、身体动作等方式构建成有利于学生学习的意义表达方式，指导学生通过多模态方式进行知识的学习，从而共同实现教学目标。教师不仅传授语言知识，也不只是 PPT 的被动播放者，而是多模态的选择者、协同者、示范者，对学生要明确指导、多模态示范并设计情境任务。在英语学习过程中，学习者面对的是由各种模态组成的超文本语篇，在构建和解读超文本语篇的过程中，各模态之间应呈现一种和谐互动、优势互补、相互协调、相互促进的动态关联关系。

（二）多模态话语在国内外教学中的应用

21 世纪以来，国外许多学者把多模态化研究的触角探及教育领域。多模态话语在教学中的应用成了西方近年来研究的热点。澳大利亚语言学家克雷斯和荷兰语言学家莱文是这方面的专家，对模态和媒体之间的关系深有研究，并且探讨了多种模态有规则地表达意义的现象，提出了多模态环境下多元读写能力的培养设计方案和应用原则。新伦敦小组则开辟了多模态应用于语言教学的先河，该小组认为，语言教学的主要任务是培养学生的多元识读能力。自此，关于语言教学和多模态的研究层出不穷。美国社会学家赖特 · 米尔斯经过 18 天课堂教学观察，和教师、学生进行结构式的访谈，由此提出了课程设计方案。

我国也有学者进行了这方面的研究。中国社会科学院语言所研究员顾曰国在《多媒体、多模态剖析》一文中区分了多媒体学习和多模态学习两个概念，并根据认知心理学对多媒体、多模态学习总结了五个假设，提出了用角色建模语言

来构建学习行为模型，从而最终实现知识的建构和学生主体地位的确立。[①] 此外，关注多模态化这一社会符号学的最新研究领域的课题也有很多，如从多模态话语交际框架下讨论现代多媒体技术在英语教学中的作用、元认知策略与多模态化在大学听力课堂的使用等。

我国对多模态话语的研究还处于初级阶段，对多模态话语教学与学生学习英语之间的关系仍需要进行深入的研究与探讨。只有不断地探讨与实践，才能推动多模态话语这一社会符号学的研究，用更加成熟的理论来支持英语教学，从而取得更佳的教学成绩。

（三）多模态话语信息认知教学模式

大脑在学习过程中所起的作用和外部行为背后的意义构建是认知心理学所关注的内容。认知心理学强调，学习的过程是知识的构建与理解的过程，是构建意义的过程。学习者通过与他人的交际来掌握知识。构建意义并不是让学生空想出一个意义，而是让学生在与他人交际的过程中，构建自己所理解的意义。这个过程分为三个部分。第一，在交际过程中，通过视觉、听觉、触觉等多模态方式来获取信息。第二，大脑通过交际过程获取信息，进行意义构建。大脑需要视觉、听觉、触觉、嗅觉和味觉五个模态进行内部与外部信息的互动。这五个模态有各自的子模态。模态的感受器有的是外感受器，负责处理与外部互动时进来的信息；有的是内感受器，负责接收和处理来自身体内部的信息。第三，学习者通过学习效果的外部行为表现来获取实践能力。认知学习理论、双重编码理论、生成学习理论、认知负荷理论、多媒体学习理论、协同互动理论的提出，能够使学习者更加深入地理解知识，使教师在选择各种模态时具有理论依据。

多模态信息认知教学模式是三位一体的教与学模式，由信息、认知和多模态三者构成，是一个多模态语篇的设计者（教师）和学习者（学生）互动的过程，其指导理论是认知学习理论。现阶段，大学英语课堂由教师、黑板、电脑、投影仪等组成，学生的学习过程是与上述多模态进行和谐互动、构建意义的过程。教师是这个过程的设计者、组织者和信息的传播者。具体而言，本教学模式以多媒体课堂为教学环境，以多模态为教学手段，以信息为教学内容，以认知能力发展为教学目标。换言之，多模态是教学过程中教与学的方法，信息（主要指语篇信息与非语篇信息）是教与学的内容，学生认知能力发展是教与学的目标。

① 苏一凡．多模态英语教学理论与实践[M]．北京：中华工商联合出版社，2021.

信息是学习内容，是核心，位于上层；认知是对信息的处理和加工，位于信息的下层。这意味着有信息就需要认知处理，认知能力的发展是目标。而信息的处理和认知方式是多模态的。需要注意的是，学生与教师的位置可以互换，学生在某些时候可以替代教师的角色。根据该模式，教师应多模态地教，学生应多模态地学，师生合作进行多模态评估，这种教学理念是多模态信息认知教学模式所独有的。该模式的教学目标是培养学生的信息敏感度，提升学生的认知能力。

多模态信息认知教学模式对教师提出了新的教学要求，要求教师教学从教材权威型、知识获取型转向技能训练型、经历体验和资源发展型（认知发展）。

（四）教学活动中符合对象认知规律的教学原则

1. 明确指导

在英语教学过程中，教师应指导学生探索不同语言符号背后的深层含义，使他们能够以多模态的形式进行学习。例如，在阅读和写作训练中，不仅要重视文本，而且要重视文本的排版、色彩、图片的搭配、版式等，其会对语义的建构起到很大的影响，还要注意副语言的语调、语气、语速、音高，这些都是传达意思、吸引学生注意力、表达特定意义或情绪的关键。

2. 多模态示范

在多模态教学中，教师使用多种模态进行意义构建，辅助语言教学，这有两方面的意义：一方面使学生能够了解到教师具备的多种阅读技能，并运用多种语言模式来进行交流；另一方面使教师与学生在课堂上运用多种模态进行交流，从而引起学生的注意，激发他们的兴趣。

在教学中，教师应选取适当的形式，以便于学生更好地理解和记住。此外，教师在多通道协作中的作用更为重要。在语义建构上，多通道协同互补可达到最佳的教学效果；多通道不一致可能会对语义构建产生负面影响。例如，在多媒体课堂中，如果教师的话语与屏幕上的影像这两方面的内容是一致的，那么它们就能一起构建出一个意义，并将学生的视觉和听觉都调动起来，同时对意义进行解释，这样就能增强学生的理解和记忆。如果教学内容不一致，就会影响到学生的学习。

3. 设计情境任务

在教学中，教师要通过设置情境任务，让学生有机会使用多模态语言进行交际，这样才能有效地培养学生的多模态语言交际能力。任务的形式可以是课堂报告、演讲或表演，也可以是课后基于网络平台的视频讲解、师生互动或同学合作等。

4. 多模态环境下的多元互动

传统的英语课堂中缺乏师生之间的互动，就容易显得枯燥乏味。随着网络技术的发展，课堂上师生互动不再困难，英语课开始变得生动、有趣。多模态教学模式的特点就是多元互动。互动关系可以分为两种：一种是主体间互动，包括师生互动和生生互动；另一种是主客间互动，即学生和多媒体之间的互动。不管是哪一种互动，都是以学生为主的。

（1）主体间互动

在教学过程中，教师采用多种方式进行教学，并与学生进行互动。在言语交流中，教师的语调、语气、面部表情、身体动作等也会向学生传达出一些重要的信息，这些信息可以是鼓励、表扬，也可以是警告或批评。在教学中，利用图画、录像等教学方法，可以让教学过程轻松有趣，从而激发学生的学习兴趣。在课件的制作过程中，教师可以通过设置一些交流互动的问题来激发学生的热情，使他们能够积极地参与到课堂教学中，达到生生互动的效果。

在学习和表达语义的过程中，学生学会使用多模态符号来建立语义，并将其展示给课堂上的人，从而与教师、同学进行互动。除此之外，在网络平台上进行一对一或一对多的师生交流，以及学生之间的互动与合作，能够激发学生的交流欲望，为培养学生的多模态交际能力提供了机会。

（2）主客间互动

主客间互动是一种以文字、图像、音乐、录像为载体的多媒体教学活动。在主体与客体之间的交互中，要重视每一种符号体系对当下话语的意义建构所起的作用，同时要充分利用手、眼、耳、脑等来获得信息，理解含义。通过与文字的交互，学生可以对文字、字体、排版、图文等所传达出来的含义进行细致的观察和解读，进而提升多元阅读的能力。除此之外，学生还可以利用与视频的互动，将自己置身于另一个虚拟的环境，体验不同文化、不同场合下的交际情境，进而提高自己的多模态交际能力。

其中，以互联网为基础的计算机交互是主客体交互的重要内容。互联网为学生提供了丰富的多媒体、多模态学习资源，学生可以自己操控机器，掌握学习进度，根据自己的兴趣、爱好、学习需求等展开自主学习。

（五）多模态话语在教学认知中的意义

随着现代技术和多媒体的发展，异军突起的视觉文化和视觉交际手段开始影响教育教学，语言和技术变得密不可分，多模态化语篇成为现代课堂教学的显著特点之一。在多模态教学模式下，英语教学的经典目标被扩展为提高学生的多元阅读技巧和多模态交际技能。在师生交流中，可以使用多种感官，如视觉、听觉、动作、表情等，并借助多种符号系统（文本、言语、图像、音频等）进行意思的表达和理解。在课堂上，不同交流方式交织在一起形成了一种符号空间，语言不再是表达所有意义的唯一方式。高等教育机构需要采用基于计算机和课堂的英语教学模式，以取代仅靠教师讲授的传统单一教学方式。同时，应充分发挥现代信息技术的作用，使教学模式更加多样化和先进化。现代信息技术，尤其是网络技术，应成为支撑新的教学模式的基础。这样便可以使英语的教学和学习能够更加灵活，不受时间和地点的限制，并向个性化和自主学习的方向发展。教学模式的新变革应该结合英语实用性、知识性和趣味性，让学生更有兴趣参与，教师更有热情投入，强调学生在教学中的主体地位和教师在教学中的主导作用。在发挥传统课堂教学优势的同时，应该充分利用现代信息技术不断提高教学效果。教师也应该恰当地继承传统教学模式中的优点，利用多种教学方式使各种资源得到充分利用，并最大程度发挥多媒体和网络环境的优势。

在信息时代，多模态话语教学已成为发展的趋势。这种教学方法使用多种符号来交流，师生之间的互动更加丰富，从而提高了学生的多元识读能力。从这个视角来看，多样化的教学方式不仅改变了教学方法，还提高了教育的效果。学生需要具备多方面的阅读技巧和多种交流技巧来实现英语学习的目标，这需要基于多种语言表达方式进行分析。英语教师应指导学生进行多元识读和多模态交际，通过明确的指引、丰富的示范和情境任务设计等方法，积极激发学生的主体意识，实现课堂的互动和合作，从而全面提升学生的综合能力。

使用多媒体技术，教师可以将文字、图像、声音、视频等多种元素有机地结合在一起，形成视听双向互动的教学模式，从而达到增强学生学习兴趣和积极性的效果。课堂教学可以采用各种教学资源，如 PPT 课件、音频、视频、图片等，并通过校园内部网络和网络教学平台与学生进行互动，以达到更好的教学成效。多元教学是一种创新性的授课模式，它舍弃了传统的单向传授方式，强调运用多种教学方法来提升学生多方面的感知能力，以实现立体化的教学成效。因此，采用多种教学方法可以满足教学的需要，并充分体现超文本理念。科学技术与信息技术的不断进步与创新使各个领域都获益，包括教育领域。为了提升高校的素质教育水平，目前许多高校已经建立了各种教学设施，如多媒体室和语音教室。除此之外，常规教室也配备有多媒体教学设备，如计算机和投影仪。有些高校还建立了校园局域网和数据库，并提供了网络在线学习平台，为多样化教学提供了充足的物质基础和强大的技术支持。

在英语教学中，利用多模态教学模式进行教学具有积极的意义。多模态话语理论和多模态教学法等最新理论及其研究成果立足于课堂教学，构建了多模态信息认知的教学方式。该教学方式的特色是教师进行多模态教学，多模态教学是指在利用多媒体技术进行教学时，教师或学生可以通过不同的感官渠道获取、传递和接收信息。教师有多种手段可以传达信息，如影片、剪辑、录音、图像、图表和实物等，这些手段可以增强教学的多样性。教师在备课时应有效地结合多种形式的教学方法，根据课程具体内容灵活使用不同的语言形式，以确保合适的语篇信息和非语篇信息的比例与关系。多模式学习是指通过多种感官来获得信息并进行思考和表达的学习方式，以提高认知能力。教师应该教导学生多样化地获取和处理语篇信息，并促进其在课堂上的表现和交流。除此之外，教师还要引导学生留意与语篇信息有关的各种非语篇信息，包括教师和学生在课堂上所提供的信息。学生需要学会把这些非语篇信息转化为语篇信息，以实现高效互动的课堂教学效果。多模态综合评估是一种评估方式，教师和学生在每节课后可以进行互相评价和自我评价，采用多种评价方式进行全面、客观地评估，然后整理、收集并分析这些数据，这样有助于动态地评估教学效果和学生表现，对师生的发展和进步具有重要的指导意义。同时，要增加对教师和学生在多模态信息运用、识别和处理方面的能力评估的权重。学生的总评成绩是按照一定比例计算每学期的动态测评成绩得出的。

传统意义的大学英语课堂是教师的一言堂，基本的教具是课本、黑板和粉笔。这种教学方式的弊端是教学模态单一，课堂缺少互动、乏味无趣。多模态教学的优点是以主模态——语言模态为基础，以其他模态为辅助手段，共同进行意义构建，使主模态产生最佳的效果。多模态教学方式的目标是最大限度地优化教学过程，更好地完成教学目标，使多模态充分服务于大学英语教学。

四、多模态的运用

语言研究者不但要研究单个模态符号对意义构建所做出的贡献，还要研究多个模态符号相互协同的作用。多模态手段应用于教学过程为课堂教学模式构建了前所未有的多元化教学体系，但运用的模态数量与所取得的教学效果并不是呈正比关系的。不同的课程内容加上不同的课时，会产生不同的教学目标，在这种情况下，应该选择合适的教学模态进行教学。即使是同样的课程，在面对不同学习水平的学生时，也应该选择与之相适应的教学模态。使用多模态方式进行教学时，教师要处理好各种模态之间的关系，否则会产生负面效果，影响学生的注意力，干扰学生强化和记忆语言知识点。

因此，教师在英语教学的过程中至少要考虑到三个方面。首先，教师应考虑课程内容、课程难度和课程进程。其次，教师应考虑到学生的性格特点、特长爱好与学生的知识层面和技能结构以及两者的关联问题。最后，教师应结合学校的硬件环境和教学设施等因素进行教学。例如，以获得知识和内容为目标的教学，应主要利用讲解、阐述等方法；以实践能力训练为目的的教学，应侧重技能训练等。

（一）选择多模态的四项原则

针对多模态的选择，要考虑如下几个方面。

1. 强化关系原则

强化关系原则主要运用一种模态，而其他次要模态则对主要模态起到强化和补充的作用。在朗读和解释句子的过程中，配以相应的文字说明或图片，可以进一步增强语言的表达效果，有助于学生对句子的深入理解和记忆。

2. 协调关系原则

一个完整概念的表达是多种模态相互联合和交互运用的结果。这并非意味着各种模态之间可以随意地组合，因为各种模态之间并不都是相互融洽的关系，有时还会产生冲突。比如，学生正在聚精会神地阅读某篇课文，如果配以音频或动画效果则会分散学生的注意力，此时文字模态和音频模态就是相互矛盾的。

3. 前景化和背景化原则

在运用多模态时，必须确保其中一个模态占据主导地位，成为前景，而其他模态则应退居次要地位，成为背景。例如，在感受某种音乐节奏时，音乐的播放为主要模态，歌曲的作词和作曲的介绍则视为背景，起到配合作用。

4. 抽象和具体原则

当某种模态表达的是一些难以理解的晦涩的理论时，其他模态则提供实际的例子加以解释，使抽象化的理论呈现具体特征，这有利于学生对理论的理解和记忆。

（二）运用多模态的目的

有时使用一种模态无法将交际者的真实意思充分地表达出来，需要其他模态来辅助交际者进行表达，从而达到话语的接收者能够理解语言意义的目的。例如，当英语教师在解释同音异形异义词 sweet 和 suite 时，仅通过口头表述或声音模态难以区分两个词的真正含义，这时需借助书写或文字模态，让学生直观、立体地感受到单词的发音、词形和词义。

例如，同音词汇 paper 的三种含义分别为“纸”“报纸”和“论文”，教师在英语教学中可使用语言模式和文字模式进行教学，若学习者仍不理解，可再借助图形等模态。

（三）认知发展需实现的目标

英语教学的最终目标是学生的认知能力获得发展。教师在教学过程中应该意识到不同的学习者具有不同的学习风格和认知风格，以及在不同学习者身上所体现的个性差异和不同的发展情况，其包含对篇章信息、非篇章信息的多方面、多角度的感知、认知和识别能力。而上述能力的提高需要借助多媒体教学环境和多种模态的相互作用。

学习风格是指个体对所处学习情境的认识与感受的综合。在不同的学习背景、不同的学习情境中，学生的认知方式也存在差异。学习风格是学习者对新知识和新技巧的一种自然的、习惯性的和偏好的表现形式。学习风格可分为认知型、感知型和人格型三种类型。认知型学习风格又被划分为场独立型和场依存型两种类型。教师必须在教学过程中注意每个学生的个性特征和认知风格特征，并利用不同的模态以及相互组合的作用，将其运用到教学的各个环节中，提升和开发学生的认知潜能。

五、认知过程的分析

学生对信息内容的感知和识别是多模态的。信息类型的差异将决定选择模态的差异，从而形成认知差异。例如，语篇信息使用听觉、视觉等模态进行听、说、读、写；非语篇信息则依靠视觉、听觉等模态进行认知，并通过说、写等触觉模态将其转换为语篇信息。

（一）学生主体认知的模式

教师设计和组织的教学内容是学习者认知方面的重要组成部分。在教学过程中，学习者是认知的主体，需要输入和整合教师提供的，如声音或文字模态的信息，其最终目的是使学习者能够对这些信息内容加以理解、消化和吸收，而教师应该关注学生的认知程度和识记效果。从宏观角度来看，影响学习者对信息整合的深度和认知效果的因素有多种，对以学习者为主体的认知模式进行分析，教师可在调整讲解信息的组织方式和传授方式以及元注意能力的培养等方面提升自身的教学水平。

不同的心理学家和语言学家对人类认知过程的分析呈现出明显的差异。依据不同的模式特点，总结出其共性，并设计出了学习者主体认知模型。学习者是认知的主体，是一个可以进行信息加工、整合的系统，可输入、整合加工、输出信息。

学生主体认知模式的核心内容是“注意”。“注意”的局限性会影响整个认知进程中的信息整合过程。换句话说，学习者能够在某一个时间段内注意到的信息内容是有局限性的。这种局限性会引发两个问题：第一，教师在进行教学设计时要考虑到学生在课堂教学中是否能够充分吸收教学内容，教学内容是否简单易懂；第二，外部环境的刺激物较多，认知活动较复杂，学生应该关注信息的内容和认知的方式是否适合自己，高效地进行认知。第一个问题是教师所讲授课程的内容组织情况与学习者认知的关联；第二个问题是学生在信息接收、加工的过程中应该关注的元注意问题，它对认知效果起间接的作用。因此，如何组织信息、传递信息是教师首要考虑的问题。帮助学生提高调节能力和保持好注意力是教师在教学过程中应该注重的方面。

（二）教学实践中的信息组织方式

根据上文对学生主体认知模式的分析，教师在课堂上输出的信息在理论上应该与学生输入大脑的信息是吻合的。不吻合的原因呈现出多样性，本书不涉及此问题的讨论。教师应将注意力锁定在如何有效地组织讲课内容以及如何挑选合理的授课方式上，使这些精心提炼出的信息内容最大限度地被学生消化和吸收。依据心理学的观点，要对学习者的认知过程做简单的分析。心理学对认知的研究是指人们如何对刺激物进行定义和描述。

通常情况下，学习者有两条信息加工的路径：第一条，学习者对事物的认知是由点到面再到整体的，是基于数字信息进行制动的加工模式；第二条，用学习者自己原有的信息或知识对当前接收的信息进行加工，这是对概念信息的再加工模式。在实际学习过程中，上述两条路径都是常见的。学习者自身的知识结构、能力水平存在着一定程度的差异，这使学习者加工信息的深化程度和最终所取得的信息加工成效出现一定程度上的区别。作为认知和信息的发布者和传递者，教师应在承认和尊重这些差异的前提下，尽可能地将所要讲授的内容合理加工成容易被理解的信息，同时注意因材施教。在教学过程中教师要把握以下三点才能将传递的信息有效组合。

1. 充分精练、演示认知对象的特点

认知对象可以指某些学习者认为较难消化的知识点，如某个计算系统、某个专家的观点或某个数学定理等。这个原则以强化知识点为主。比如，遇到一个既难理解又容易出错的计算系统，教师应该重点把握系统的特点，理解系统输入和产出存在的关系，而不是从系统理论的讲解入手。这就是所谓的先来后到，而且针对特征的深化认知也有利于学习整体化的构建。

2. 已传递的知识点能够为新知识点的介入奠定基础

这种表现模式主要体现在将旧知识中的某些条件更换或变更某种形式这两种情况上。旧知识点和新知识点之间或是一种补充关系，或是新知识点是在旧知识点基础上的提升。例如，在讲授英语教学法时，应该突出强调一种教学法是在吸取了上一个教学法的基础上，经过改良而得出的。

3. 最大限度地体现知识点之间的关联

事物之间的关联性是客观存在的、不可改变的，落实到学习中的知识点也是这样，因为学习者对知识点的学习是建立在自身已有的知识点之上的，它们之间有一定的关联性，这对于学习者知识层次的构建、知识的转移和创新技能的提升有着重要的现实意义。

（三）激发学习者的元注意能力

信息组织方式的不同会导致教学效果的不同。合理的信息和知识点会在很大程度上被学习者接受。同时，针对课上讲授内容的组织优化过程是无止境的。所谓注意，指的是学习者对认知或心理状态活动的努力方向；所谓元注意，是指认知主体对注意力的注意。从实践的角度来看，元注意力是教学实践的最底层。注意是心理活动对一定对象的指向和集中，是伴随着感知、记忆、思维、想象等心理过程的一种共同的心理特征。注意的有限性取决于认知材料的质和量，取决于可以执行的信息任务的类别以及各类信息任务之间的差异度和协同性。换句话说，学习者的认知注意在某段时间内加工和整理的信息是有限的。激发学习者有意识地注意自己的注意力和有意识地限制和控制自己的注意力是非常必要的，其中涉及注意的选择、注意力的监控、注意力的调配以及使注意力变得自动化。下面从教师的角度列举几点培养学习者元注意的策略。

1. 展示学科内部的趣味性和价值所在

在心理学中，认知的动机与结果之间有直接的关系，这是已经被证实过的事实。评价教育是否成功，取决于能否激发学习者的内部动机。然而，做到这一点并非易事。社会的每个层面对学习者的学习情况都给予了很多物质层面的利益要求，目的是激发学习者的内在学习潜能，但是效果往往差强人意。物质鼓励固然重要，但是学习者对所学知识点的趣味性和价值观的认同更为重要。某些课程的教学目的、任务目标和授课意义都在教案中给予了详尽的描述，但是这样的描述往往都是非常具体且晦涩难懂的。因此，学习者很难对此有兴趣，难以激发元注意能力，更不能转化为学习动机和潜力。每位教师都应该对学科内部的趣味性和价值所在进行深入探究。有心理学家指出，成功的经验和喜悦有利于兴趣的培养。从实际教学来看，课堂上发言积极、讨论激烈的学生展示了较浓厚的学习兴趣，学习渐渐地变成了一种积极和主动的探究过程，因为自信是建立在成功的基础上的，源于这些学生已经感受到了成功运用知识的喜悦感，而这种喜悦感让他们体会到了这些知识对他们是有益的，进而激起了他们学习的热情。因此，在教学实践中，教师应该设法提供给学生一些成功的案例和较好的实践体会，让学生感受课程的知识结构带来的成就感和兴趣，从而探究和了解课程的价值所在。

2. 适时地进行心理干涉

众所周知，学生的学习过程并不是一帆风顺的，经常遭遇困难和挫败。攻克了这些困难的学生可以使自己的学习成绩显著地提升；而不能克服这些困难的学生在学习中容易产生压力，随即堆积焦虑情绪，进而厌烦学习，这时学生的注意力就难以集中。适时地对这样的学生进行心理干涉是十分必要的。首先，要让对学习产生疑惑的学生了解学习的内在规律，正确面对学习过程中的“高潮”期和“低潮”期，意识到挫败正是下一个“高潮”期来临的暗示；其次，教师应该在适当的时候向学生答疑解惑，启发学生依据自身的思维方式解决困难。心理学家指出，适当的焦虑并不仅是一种不良的情绪，有时还会成为一种学习动力。伴随着焦虑情绪而产生的紧迫感能够使学生的注意力达到集中状态，且思维灵活、行为稳定。因此，适当地激起学生的焦虑感是一种有效的教学方法。有一些教学方法，如“激将法”“刨根问底法”就是建立在这样的心理学基础上的。

3. 巧妙运用“设疑—解疑”的讲授方式

在授课过程中，无论从提升学生的注意力还是从将信息内容进行深层次加工来看，在恰当的时间和地点提出一些应景的问题是一种常见和有效的教学方式，这也是教师采用比较多的一种授课方式。应该强调的是，提出疑问的方法和时机是值得再思考的。经常性地提问容易使学生产生厌烦和懈怠的态度，而对问题的不充分解释会让学生疑惑，不能达到较好的学习效果，同时学生的注意力会被分离。此外，提出疑问的人不能仅局限于教师，应该鼓励学生向自身提出疑问且自己找到答案，最后由教师给予充分的诠释。

4. 显露认知过程，建构认知结构

学习过程强调的是过程，而不是结果，因为学习的过程是学生对知识探求的过程。科学知识都具有一定的认知规律和内在的认知过程。若学生通过充分融入知识的获取过程而对某些认知规则能够深入地识记、加工和利用，那么学生的注意力则会呈现出较高的聚集性，对某些学科的感知程度、信息的加工程度也会比较深刻。在教学实践中，教师要充分地显露认知过程并积极地构建认知结构，使学生在大脑中形成对比、连接的关系。通过这种认知活动，学生自身所储备的信息和资源将会得到高效利用。此外，教师还可以通过建构学生的知识结构来完善教学过程。

第三节　认知理论与多模态英语教学中的多媒体使用

认知英语教学法的理论基础主要来自美国语言学家乔姆斯基的转换生成语法理论和认知学习理论。其中，认知学习理论主要指美国教育心理学家布鲁纳的学科知识结构、发现学习，以及美国认知教育心理学家奥苏贝尔的有意义学习等理论。

一、认知理论

（一）认知英语教学法的内涵

认知英语教学法旨在启发学生智力潜能，侧重于深入理解语言规则，注重培养学生综合实用的语言能力。认知英语教学法重视语言规则的理解和创造性运用，重视学生听、说、读、写技能的全面发展。

（二）认知英语教学法的学习理论基础

1. 学习实质

根据认知学习理论，学习的核心在于塑造或改变学习者内在心理结构。学习实则意味着学习对象内在结构与学习者已有的知识结构的相互作用，这是其本质过程。除此之外，该理论还认为学习者的认知能力将会对语言学习产生重要的影响，它要求学习者不能对所接收的知识进行机械记忆和被动接受，而要对所学的知识进行归纳、理解和概括。基于认知能力，认知学习理论认为英语学习是通过分类、分析、归纳和推理等认知能力来进行的，从而使学习者实现对语言素材的学习和习得。

如此看来，语言学习有赖于语言学习者认知能力的不断进步，认知法教学要求教师在教学过程中综合考量学生的生理、心理因素及其发展特点。教师对学生当前的认知结构要做到心中有数，明确学生需要构建的知识框架，并根据当前的条件客观合理地进行教学设计和课程安排。

2. 获得、转化与评价

布鲁纳提出了认知学习理论，他认为学习是由三个几乎同时发生的过程组成的：获取新知识、转化已有知识和评估自己所学的知识。

在学习知识的过程中，学习者先要对获得的知识进行加工和整理，将其转化成自己容易接受的知识，这些新知识可能与原有的知识相冲突，但是学习者可以通过自身的调整使新旧知识相融合，最终形成自身知识体系的一部分。掌握了这些知识以后，学习者应把这些死的知识转变为活的知识，并将其应用到实践当中，在实践中进一步检验、巩固、内化自己所学到的知识，使这些新的知识真正转化为自身的能力。同时，在转化的过程中，还可以对所学知识进行检验，来判定其是否正确和有价值。

英语学习可分为三个阶段：理解语言、建立语言技能和运用语言。这就要求教师先筛选合适的语言知识，然后把它们编辑成易懂的方式供学生理解。在传授完这些知识后，教师还要通过一些教学手段将这些知识内化到学生的大脑中，使其成为学生知识结构的一个组成部分。最后，教师要设计一些实践活动，使学生灵活应用过程语言知识，并达到熟练的程度。同时，学习者也可以多参加一些社会实践活动，如笔译、口译等活动，在语言学习实践过程中提高自身的语言能力。

3. 学科知识结构

“任何学科知识都是一种结构性的存在，知识结构本身具有理智发展的效力。”[①] 这是布鲁纳提出的观点，他认为学习的重点就是要学习这个知识体系的基本结构，只有掌握了该学科的基本结构，学习者才能从根本上掌握这些知识。因此，教师在授课的过程中应当注意把基本概念和基本原理贯穿到教案当中，依照科学的结构来安排教学步骤，这种方式符合学生的认知过程，能够提升学生的记忆能力，提高教学效率，促进学生的学习。

在以往的教学中，经常出现违背学科知识结构的情况。比如，在英语学习中，很多教师主张让学生先学习真实的语言材料，从整体上对要学的知识进行把握，然后对基础（语音、语法）知识进行详细的讲解。这样的授课方式显然是错误的，因为学生如果没有一定的语言基础，他就无法对所学知识有全面的理解，很容易对语言知识失去兴趣。正确的做法是，教师对语言内部最基本的语言规则等知识进行讲解，通过有限的语言规则扩充出无限的句子和语篇，这样才符合语言学习的自然规律。

4. 发现学习理论

行为主义认为，“刺激—反应”式的机械学习对学生消化和吸收知识是无益的，也不利于学习者将所学的知识进行应用。所以，在教学过程中，教师不能简单地将知识灌输给学生，应当设法创造合适的教学环境，引导学生发现应该学会的知识，这样的教学才会使学生对所学内容印象深刻，提高学生的学习效率。

发现学习理论和传统的听说教学是截然不同的。在传统的听说教学过程中，教师在课前将知识整理好，在课上按照自己的教学步骤进行教学，学生需要做的就是按照老师安排好的教学步骤，机械地、毫无创造性地学习教师已经准备好的知识。在这个过程中，学生的心理结构和认知能力被忽视，个体差异性在教学过程中没有被体现。发现学习理论则与此不同，它充分重视个体的差异性，懂得每个学生的认知能力和心理结构都是不同的，所以教师在授课中并不为学生提供现成的学习资料，而是让学生充分发挥自己的主观能动性主动发现语音、语法等规律。

5. 有意义学习

奥苏贝尔认为，有意义的学习是指“将符号所代表的新知识与学习者认知结

① 汪应，陈光海，韩晋川．高校教师信息化教学能力构成研究[M]. 重庆：重庆大学出版社，2018.

构中已有的适当观念建立非人为的和实质的联系”。[①] 与有意义学习相反，机械学习是指学习者采用死记硬背的方式，没有充分理解符号所代表的知识，只记住某些无意义的词句或组合。认知法是一种有意义的学习，这主要体现在两个方面。第一，认知法是在充分了解学生语言基础的前提下进行的教学。这就保证了教学资源的难度适中，既不会使学生因为难度太大而产生厌学心理，也不会因为难度太小而无法提高学生的语言能力。第二，认知法侧重实际语境的作用。学生所学的语言知识一方面要有逻辑意义，另一方面要有实际意义。因此，在认知法中，学习者需要深入理解并掌握语言材料的意义和应用规则。只有掌握了语言的知识和规则，才能进行有意义的练习。

6. 学习者中心

认知法要求教师以学生为中心。学习者中心理论认为，在教学过程中，教师应该关注学生的认知能力和身心发展规律，尊重他们的个性和特点，把他们当作一个完整的个体来看待。教师的职责已经不再是简单地向学生传授知识，而是成为创造学习环境和机会的角色，鼓励学生主动参与学习。当学生在学习中遇到任何困难时，教师再去帮助其解决这些困难。

在传统教学过程中，教师是课堂上的权威，每堂课几乎是从头讲到尾，学生在课堂上较少有说话的机会。认知法则打破了这种授课模式，教师不再是课堂的中心，成了课堂的组织者，真正的核心是学生，他们在教师设计好的语境中灵活地运用语言，也不用再担心犯错误，因为这是语言学习者在认知过程中不可避免的。在这样开放的教学环境下，学生没有了压力，可以更加大胆地练习，迅速地提升自身的英语水平。

（三）认知语言学理论在教学中的应用

每一种新的语言学理论都会对教学产生一定的影响，任何一种理论都可以为英语教学提供一个理论平台，并有可能为英语教学提供一个新的教学模式和教学方法。认知语言学未能对教学产生革命性的影响，但是它对教学具有很大的价值。认知语言学主要研究人的思维、想象、记忆、意志等心理活动是怎样对语言产生影响的，它的中心任务是研究人在习得和使用语言过程中的一些规律。而学习的过程是人的思维过程，从这一点来讲，在认知语言学中总结出的规律对英语教学具有重要的参考价值。同时，我们也可以总结学生在英语教学条件下学习语言的心理认识过程及其活动规律，来丰富认知语言学的理论体系。

---

① 鲁巧巧．跨文化教育视域下的英语教学改革探究 [M]. 沈阳：辽宁大学出版社，2018.

1. 图式理论在教学中的应用

理解的过程就是解码的过程和意义建构的过程。图示理论认为，语言分为语意图示和形式图示。其中，语意图示又可以分为多个小的图示，每个小图示都可以被某些单词所激活，因此在学习过程中，学生要调动大脑中的各个小图示，这有助于增强对新信息的理解。这一理论对英语教学有着极大的帮助。

首先，对阅读教学来说，在理解一篇文章时，应先了解它所涉及的文化背景知识，这会对学生理解文章有很重要的帮助作用。学生在读文章之前了解文章所处的背景和结构，能更加深入地理解文章内容。同时，在处理具体的语篇时，学生也可以通过图示知识对文章进行预测和推理，如学生在阅读过程中可以依据自身的经验去理解自己没有读懂的部分，或者根据自身的知识去预测文章的发展。这样既可以激发学生的阅读兴趣，又可以增强学生理解文章的能力。

其次，对听力教学来说，图示理论也具有极大的帮助作用。听力对部分学生来说是英语学习中的难点。在听力的过程中，由于多种原因会导致学生没能理解语篇。此时，如果学生能够借助图式知识，许多问题就会迎刃而解。因为对听力语篇来讲，学生了解的图式知识越多，就越容易理解，就能更多地推测出没有听懂的地方。这对学生理解听力语篇，增强学生的英语自信心具有很大的帮助。

最后，图式理论对于语法的讲解也有很大的帮助。传统的语法教学就是让学生死记硬背一些语法的规则，这种机械式学习的效果往往不是很理想。而通过图式理论的帮助，就可以很容易对一些语法进行合理的解释，学生也可以免去死记硬背之苦。例如，语法教学中不定式和动名词的区分一直是一个难点问题，借助图式理论对其进行解释就很容易让学生理解。

2. 表征理论在教学中的应用

阅读理解不同于其他认知活动，它不仅需要我们理解每个单独的句子，更需要将其与之前积累的知识和信息整合在一起，形成一个更完整、连贯的心理图像。这个过程既包括对局部细节的处理，也包括对整体结构的理解。

文章结构最完整的展现就是表层形式，它把词语句子紧密结合在一起，让文章的衔接和连贯得以明显呈现。情景模拟是一种心理表征，它是读者根据阅读材料所描述的场景，是其脑海中所构想的真实体验。这种表征具有永久性，并且可以持续地影响个体的思考和行为。若能巧妙地应用情景模型理论，精心组织精读课堂教学，即可使学生更加轻松地领悟并接受课文内容，同时能激发学生的想象力和创造力。

3. 语境理论在教学中的应用

语境指的是语言所处的环境，它可以被分为广义和狭义两种含义。广义语境指的是所有与语言有关的环境，其中不仅包括狭义的上下文，还包括语言之外的因素。狭义语境的上下文，即言语中的语言环境和词语的使用环境。

语境对英语阅读教学有着重要的作用。众所周知，对语言的理解离不开语境，如果一些单词或句子离开了具体的语境，那么就不能准确地判断其含义，从而影响对整篇文章的理解。同时，在阅读过程中我们难免会遇到一些生词、难句。如果我们可以借助语境知识进行推理，有些难点就会迎刃而解。

4. 推理理论在教学中的应用

在英语教学中，推理理论有着很强大的作用。例如，在语法教学中需要学生举一反三的推理能力，在阅读教学中需要学生进行逻辑推理，在听力教学中离不开学生的理解和推理能力。可以说，推理理论贯穿在英语教学的方方面面。

5. 工作记忆理论在教学中的应用

目前，认知心理学将工作记忆定义为一种暂时储存并加工处理信息的过程。其将短时记忆分为如下功能：信息的暂时激活、信息的调控、信息加工容量的限制。需要着重强调的是，在英语教学过程中，工作记忆的作用与语境、图式、表征、推理的作用是同时发挥的，一种作用的实现往往要借助其他几种作用的实施。

6. 隐喻理论在教学中的应用

认知语言学中还有一个重要的理论，即隐喻理论。在这里，隐喻不仅是一种修辞手法，更是一种认知方式。这种理论对英语教学有着极大的参考价值。

首先，在授课过程中，教师适当地运用一些隐喻，可以增强课堂的趣味性，这有利于营造一个适合学生学习的授课环境；其次，隐喻是某些单词一词多义的根源，它可以解释其产生的机制，这对学生掌握单词的不同义项具有极大的帮助；再次，在一些文学作品中，隐喻是一些语言晦涩难懂的根源，懂得了从隐喻的角度看待一些文学现象，有利于提高学生的文学鉴赏能力；最后，隐喻可以体现出不同民族之间思维方式上的差异，这也是导致语言文化差异的原因。深层次地把握语言上的差距，掌握并运用不同的思维方式，对英语的学习具有重要作用。

7. 相似性理论在教学中的应用

认知语言学认为，自然语言与认知现象处于一种可以相互印证的状态，各自可从对方的迹象中反映自身。因此，语言是对客观世界的临摹，语言的规律都能从客观世界中找到依据。

传统的英语教学受语言符号任意性的影响，认为语言和外在的世界没有任何联系，任何语言都是随意选择的结果。这种理念反映在英语教学中的教学方法上，就是由于语言和世界与人的思维没有任何联系，所有的语言符号、语言规则都是偶然性的产物，因此教师在授课过程中一味地强调死记硬背，违背了人的认知规律，教学效果往往很差。而相似性理论指导的英语教学强调语言符号、客观世界以及人的认知中的同构性，通过发现人的认知、客观世界及语言的同构性来学习语言，这种方法能帮助人们了解语言的成因，语言不再是没有任何逻辑的存在，而是一个有意义、有逻辑的整体。这种学习方法与人类的认知规律相吻合，对学生学习效率的提高大有裨益，对英语学习具有重要的意义。

二、多模态英语教学中的多媒体使用

自改革开放以来，我国英语教育得到了显著提升，培养出了众多杰出的英语人才。随着社会的不断进步和发展，传统的大学英语教学模式已经无法适应人才培养的要求，并存在着一些弊端，如学生普遍缺乏学习英语的兴趣、教师的教学方法缺乏创新等，这阻碍了大学英语教学的发展。而多媒体技术的应用丰富了大学英语教学，解决了传统英语语教学的弊端。

随着网络技术的发展，多媒体技术逐渐与网络技术相结合，一种更为高效的崭新的多媒体教学模式应运而生，并且在短短几年内实现了普及。这种新型的教学模式比传统教学模式更加具有优势，也在很大程度上为学生构建了更为优越的学习环境，大大提高了学生的学习效率。因此，多媒体教学在英语课堂中的应用是英语教学发展的必然结果，它能增加学生学习英语的兴趣，提高学生的学习效率。

（一）多媒体教学及其必然性

1. 多模态英语教学的概念

人类通过多种感官系统作用于外部环境，实现两者之间的互动与融合，这便是所谓的多模态。在现今的多媒体教学环境中，教师可以采用文字、图片、音频、视频、PPT 和网络等多种工具，帮助学生通过语言和姿态等多种交流方式，获取和认知信息和知识。在学习过程中可以采用多种认知和感知方式，如听觉、视觉和触觉手段。根据不同的感知方式，学习可以被分为亲身体验学习和实践操作式学习。

2. 多媒体的特点

（1）融合性

多媒体可以将不同的符号信息融为一体，并实现这些符号信息之间的自由离散和结合。

（2）非线性和无结构性

多媒体是符合人的思维的非线性化的信息系统，这种信息系统的结构组合是自由的、可变的。它是在超文本、超媒体软件的支持下发展起来的。

（3）可编辑性

多媒体中的各种模态信息都可以通过各种电脑技术进行编辑，方便英语教师随时根据学生的具体情况对授课的内容进行更改。

3. 多媒体教学对英语教师的影响

（1）增加了教师的备课量

在传统的英语教学中，大部分的教学都集中在书本中，教师很容易就能掌握所有的授课内容，同时由于教学工具的限制，课堂上的重点和书本外引申的知识只能书写在黑板上，因此能在课堂上传授给学生的知识有限。而在多媒体英语教学中，电脑课件整合了大量的视频、音频、文字、图画等信息，教师需要自己书写的内容很少，但传授的知识量十分丰富。这就需要教师在课前做好充分的准备工作，将大量的知识在单位时间内传授给学生。

（2）将教材和课件有机地结合在一起

在多媒体教学中，英语教师是用自己课前精心制作的课件进行授课的。但有的英语教师只是简单地将书本上的内容原封不动地抄写到课件中；还有一部分教师完全摒弃了教材的内容，对教材进行无限扩展。这两种做法都不可取。前一种做法使多媒体教学失去了其本质的意义，和传统的英语教学没有任何区别；后一种做法脱离了教学大纲，容易导致学生不能掌握基本的英语技能。正确的做法是将教材和课件有机地结合在一起，这既达到了教学大纲的要求又丰富了授课材料，提升了学生学习英语的效率。

（3）提升了教师自身素质

教师要不断地学习，不仅要把握好教学大纲中的语言知识和语言技能，也要学习书本以外的知识，满足多媒体环境下授课的需要。另外，除了专业课理论需要继续扩充，教师还需要掌握一定的电脑知识，学习一些常用的课件制作软件，如PPT，同时关注多媒体发展的最新成果，积极地将最新的成果应用到课件的制作中，使学生从最新的成果中获益。

（4）熟练运用网络技术

在多媒体教学中，英语教师必须能够熟练地运用网络技术。首先，在多媒体教学环境下，教师备课量加大，而课本外的知识需要教师在网络中获取，如果教师的网络使用技术不过关，就会影响到课件的制作，导致课件缺乏深度和广度，不能达到预期的教学效果。其次，师生之间在课下通过网络进行交流是教学的一个重要环节，教师要教给学生通过网络与老师交流的方法，以弥补课上交流的不足。

（二）多媒体教学的基本教学模式

多模态教学法突出了身体和大脑通过多模态、多感官协同参与交际的不可分割性。其要求教师设计多模态任务，学生在完成任务的过程中综合运用多模态。随着网络技术的发展，多模态英语教学的研究又有了新的内容。在这方面比较有代表性的学者指出，在网络信息与多媒体教学的环境下，多模态是教师和学生利用各种感官来获取、认知和传递信息的手段和方式。①

1．讲授型

讲授型的多媒体英语教学最接近于传统的英语教学模式，即以教师的讲授和学生的接受为主。将其归为多媒体英语教学是因为它不是教师在传统教室对学生进行面对面的授课，而是通过电脑和互联网对学生进行授课。这种授课形式主要应用于远程教学的课程。它的优点是，远程教学可以扩大授课的对象，不限地域、不限时间，让学生自由灵活地学习；通过网络，学生可以方便地向教师提问，教师也可以根据学生不同的情况，对其进行个别辅导。但远程教学也存在着一定的弊端：一方面，它缺少在教室中授课的氛围和真实感；另一方面，和传统的教学类似，它也忽视了学生在学习过程中的主体作用，影响到了学生的学习效果。

2．探索型

在多媒体教学中，探索型教学是广泛采用的一种教学方式。在开始授课之前，教师通常会运用网络资源和多媒体技术，预先设计一套综合声音、文字、图片和视频的多媒体教材。这类教材并非简单的知识点堆砌，而是教师经过精心设计的英语情境。这个情境通常是模拟的真实语言环境，学生可以借助多种媒介材料增进对即将学习的知识的理解。除此之外，教师还会布置一项具体的语言任务，学生需要运用自己已经掌握的语言知识完成这项任务，这样能够充分发挥学生的主观能动性。在做任务时，学生可以通过互联网找到所需资源和解决问题的途径。

① 陈定刚．新媒体时代翻译教学研究[M]．沈阳：辽宁大学出版社，2019.

这种英语学习方法的优点是，学生在学习过程中能够充分发挥主观能动性，不但可以更好地掌握语言知识，而且可以学会怎样自主学习，从而为今后的英语学习打下更加坚实的基础。

3. 协作型

在协作型教学中，教师会给多名学生分配任务，然后让他们一起合作完成。协作学习是一种利用计算机网络和多媒体技术，让多个学生一起参与学习，相互交流，合作学习，以便更深入地理解和掌握教学内容的学习方法。协作型教学有一个显著的优点，那就是学生的语言认知具有多样性。通过协作分工，学生可以发挥各自的长处，相互协作，提高工作效率，共同完成学习任务。此外，采用这种学习方法能够协助学生发现自身的不足之处，明确制定未来的努力方向。学生在学习的过程中不仅能够理解协作和分享的重要性，而且能够通过这些行为塑造积极的个性特质。

随着网络和多媒体技术的发展，多媒体教学已经广泛地应用于英语教学之中，它与传统的英语教学有着巨大的差异，这就对英语教师提出了挑战。当今的英语教师不仅要提升自身的专业素养，还要精通网络技术和多媒体技术，并能够将其很好地与英语教学相结合，开发出高质量的教学课件，同时要熟练掌握多媒体教学方法，以实现由以前的传授知识型教育向现在的启发式教育转变。

（三）运用多媒体技术的优势和意义

1. 有利于提高学生的学习效率

学习效率和学习方法息息相关。学生对知识的记忆是其自身的心理过程和外部环境刺激的综合作用所形成的。传统教学的方法单一，对学生的刺激不强，学生的心理反应微弱，知识只能在学生的头脑中形成短时的记忆，学习效果并不是很好。多媒体教学能设计出生动的英语场景，通过各个模态对学生的感官产生刺激，并激活学生大脑，集中学生的注意力，加强学生的记忆。所以，相比传统的英语教学，多媒体教学更能提高学生的学习效率。

2. 有利于培养学生学习英语的兴趣

兴趣是学习的关键，在英语学习过程中，只有真正对英语产生兴趣才会达到最佳的英语学习效果。在传统的英语教学中，教师是教学的中心，事先安排好了一切环节，学生在学习过程中缺乏自主性，只是被动的参与，加上传统英语教学形式单一，因此学生普遍感到学习过程比较枯燥，很容易失去学习的兴趣，很少有自主学习的动力和欲望。多媒体网络技术可以将声音、文字、图片、视频等教学资源有效地结合在一起，让学生在丰富多彩、图文并茂的教学资源中自主高效地学习，提高学习效果。

3. 有利于英语文化教学

众所周知，文化知识涉及的范围广泛，在传统课堂中教师的教具只有粉笔和黑板，因此许多视频、音频等丰富的文化资料难以展现，学生只能对教师教授的知识有抽象的印象，而没有直观感受。在英语教学中，教师不仅要讲授语言知识和传授语言技能，更要帮助学生了解国外的文化。在涉及文化内容的讲解时，多媒体教学更能发挥其独特的优势。在多媒体课堂上，国外的各种文化知识都可以通过各种模态表达出来，使学生生动直观地感受不同文化的内涵和魅力。

4. 有利于学生综合技能的发展

在语言学习过程中，信息的传输主要分为输入与输出两个部分。只有有效的输入，才能很好地作用于学生，使学生准确表达。在传统的英语教学过程中，输入的模态形式比较单一，信息输入的有效性较差，不利于学生听、说、读、写、译等各项技能的综合发展。运用多媒体课件可以解决这一问题。多媒体课件可以提供多种模态形式的输入，增强信息输入的有效性，使学生的英语技能得到综合发展，全面提升学生的学习效率。

第三章　多模态对英语教学模式的影响

在信息技术日新月异的今天，人与人的交流方式发生了变化。在之前，语言是沟通的主要方式，然而现在不同的元素（图像、音乐、颜色等）也在人类沟通中扮演越来越重要的角色。针对当今大学英语教学改革，多模态话语理论为其提供了一个可供借鉴的视角。现代化科技手段可以被充分利用，从而通过多模态话语的综合应用，促使学生的多种感官得以融入英语学习，进而激发学生的学习热情，以获得更加出色的教学成果。本章重点讨论了多模态对英语教学及其改革的启示、多模态对诗歌解读和图文关系构建的影响、多模态对 PPT 应用和视频语篇的影响。

第一节　多模态对英语教学及其改革的启示

大学英语听力、口语、写作的教学相互促进、相辅相成。多模态话语理论对包括听力、口语和写作在内的各个层面的大学英语教学都产生了一定的启示，同时也为未来大学英语教学改革指出了可行的方向。

一、多模态话语理论对英语听力教学的启示

在听力教学中，非英语专业学生在进行听力练习时一个较常见的问题就是只会被动地听，而不是积极地听。所谓被动地听，就是一种依赖性较强、对教师提供的材料被动接受的过程，没有与听力材料、教师和同学之间的互动过程；同时教师在教学中也很容易成为播放听力材料的“机器”，即教师与学生没有太多实质性的交流，只是充当了为学生播放听力材料的角色。长此以往，学生会逐渐地淡出主体地位，教师也失去了引导者的地位，渐渐变得与听力课堂没有什么关系，听力课也失去了意义。在多模态话语理论的框架下，可以设计出一种多模态化的

听力教学模式，调动学生的多种感官，使其参与到听力当中，将被动地听变为积极地听，恢复学生的主体地位，巩固教师的引导者地位。

目前各大高校基本能够实现在现代化多媒体语音教室通过一人一机或两人一机的方式进行大学英语听力教学，这也给创设多模态化的课堂教学提供了便利条件。听力教学基本可以分为三个阶段：听前、听时和听后。因此教师可以从这三个阶段分别入手设计教学活动。以《新视野大学英语听说教程》为例，该教材中的每一单元都围绕一个主题设置多样化的听力练习，教师可根据具体情况选取恰当的练习内容和顺序。

（一）听前

教师根据每单元所讨论的主题给出相应的背景知识介绍来引发学生的学习兴趣和动机。具体做法是让学生先听一段内容，并在听之前提出一些简单的问题，让学生带着问题去听这一部分相对较少且易懂的内容，听后学生之间相互讨论，回答教师所提出的问题并总结所听内容大意。之后教师可提供与本单元主题相关的图片或视频，并让学生结合所听内容，简要叙述对这些材料的看法。这样一来，丰富的多媒体材料能够调动学生的多种感官进行听力学习，使学生能看到相关图片、听到听力内容、说出与内容相关的自己的见解，并使学生与多媒体、学生与学生、学生与教师之间展开互动。听前的多模态设计为下一阶段正式进入主题奠定了基础。

（二）听时

听时阶段是有关这一单元主题信息的获取阶段和意义建构阶段。在这个阶段，教师要合理选取练习材料，努力创设一种有利于学生进行意义建构的生动、形象的情境。首先，教师可以选取由易到难的对话或段落向学生播放，如先播放十个短对话，再播放五个长对话，最后播放一个较长的段落。教师在播放的过程中也可以呈现与听力内容相关的图片，以刺激学生的感官，加强听力效果。学生听取材料后，完成课本上的练习题。教师通过提问来核查学生的理解情况，并详细讲解材料中的难点和重点。同时，教师还可以要求学生复述所听到的特定内容。其次，教师应巧妙地应用多媒体技术，向学生播放与本单元主题相关的视听材料、英语电影片段、文化短片或视频新闻等。根据学生的具体情况，教师还可以选择是否要加上字幕，这给学生提供了一个贴近真实的语言学习环境，能够有效地提高学生的英语听力和口语水平。当然，在材料的选择上，教师还是具有很大的自由度的，除了前面所提到的建议，教师还可以到各类网站上下载一些与本单元话题息息相关的真实材料，如新闻采访、电话聊天、学术讲座、戏剧演出和广播公告等。毫无疑问，这些材料将有助于提高学生现实生活中的英语听力能力。最后，在学生经历了丰富的视觉和听觉体验，并理解了教师想传达的语言信息后，教师可以组织互动活动，要求学生利用新掌握的语言知识进行实际运用，以此达到从理论到实践的转换，以及不同语言模式之间的相互转换。这些语言实践活动包括但不限于解答材料相关的问题、模仿电影人物的对话以及推测情节的发展等。

（三）听后

在这一阶段，学生需要整合和编码上一阶段中暂存在短时记忆中的信息，将其存储到长时记忆中，并以某种形式表现出来，以实现感官模式之间的切换，而不改变信息本身的意义。为了使学生更好地掌握语言，可以采用听说结合和听写结合的活动形式来进行输出练习。如教师可以播放一篇较短且主题句较明显易懂的段落给学生听，学生就所听到的材料进行复述练习、听写练习、写摘要练习、分组讨论和模仿段落中的对话练习等。

由此可见，基于多模态话语理论的听力教学模式充分调动了学生的各种感官。从听前到听时再到听后，是一个从信息获取到意义建构，再到学习效果的外部行为表现的过程，完全符合信息的输入、加工、储存、输出的认知心理过程，维持了学生的主体地位。与此同时，教师还应该注意图像和视频等模态的选取和设计的合理性，如在选取各种模态时，应谨记它们之间应该是相互促进的，而不是相互独立或对促进学生听力能力有负面影响的，若单模态可以满足教学目标，则根据经济性原则，就不需要再引入多模态了，因为过多的感官刺激可能会让学生注意力分散而不能抓住听力材料的主题。

二、多模态话语理论对英语口语教学的启示

如前文所述，语言已不再占据人类沟通的中心地位。事实上，人类在表达言语意义时，有很大一部分是由非语言因素体现的。中国功能语言学研究会副会长张德禄曾探讨过多模态话语分析的综合理论框架，其中谈到除了纯语言，在传达话语意义时，人们还经常会用到伴语言特征，如音响度、声调、语速、音调等；身体特征，如手势、身势、面部表情、动作、移动等；非身体特征，如 PPT、音

响设备、网络、实验室、周围的环境因素等。① 这一理论同样可以应用到大学英语口语教学中，即教师在口语教学中，不仅要注重学生语言层面的表达，还应关注其非语言因素的培养。

（一）语言因素

英语口语中的语言因素主要指发音和文字两个方面，这也是传统英语口语教学中比较注重的两个方面。发音主要考查学生是否能按照音标和重音等准确地读出英语单词，文字主要注重的是学生掌握语法、词汇、选词造句和谋划语篇的能力。随着英语口语教学手段的日臻成熟，多种多样的口语教学方法逐渐使大学英语口语教学变得丰富多彩。课堂上，教师可以采用课堂提问、演讲、辩论、分组讨论和课堂游戏等方式促进学生英语口语的练习，课后则可以通过开展英语文化艺术节、英语戏剧小品、英语竞赛、英语角、英语电影配音等丰富多彩的活动，激发学生说英语的热情。当然，在做所有这些活动之前，教师应确保学生能开口说。目前由于大学扩招的影响，教师增长的数量远远不能满足学生增长的数量，小班教学还无法实现，因而能确保全班所有学生都开口说英语本身就是一个艰巨的任务。只有学生开口说英语了，教师才能根据每个人的具体情况，因材施教，纠正学生发音和文字两个方面的不足。

另外值得一提的是，随着科技的发展，多媒体已经在英语口语教学中起到越来越重要的作用。在课堂上，教师可以精心选择音频或视频资料，并通过多媒体设备为学生播放，使学生处于一种接近真实的语言环境，模仿其中的发音或对话方式，再与同学或教师进行类似的对话。教师在这个过程中可以利用设备录下学生的讲话，然后让学生听自己的对话录音。学生通过音频或视频听到或看到自己说英语的情况，会产生新鲜的感觉，在听或看的过程中，学生更容易意识到自己在发音和语法方面的问题，因而能促进其英语口语的进步。在课外，学生可以运用相应的英语学习网站，通过人机对话来练习口语，有的网站还能根据学生的整体语音面貌打分，让学生更清楚地了解自身在英语口语方面的不足。

（二）非语言因素

研究发现，在面对面交谈中，讲话人 65% 的信息是通过非言语方式（如音调和手势）传播的。说话人在表达意思时，言语、声调以及面部表情对表达的贡献率分别为 7%、38% 和 55%。非言语交际在传达意义过程中起到的作用是言语交

---

① 朱丽．多模态话语理论与英语教学研究 [M]. 石家庄：河北人民出版社，2019.

际的43倍。[①] 由此可见，非语言因素在交际中的作用远远大于语言因素，但一直以来，在英语口语教学中，非语言因素受到的重视却远远小于语言因素。根据张德禄所提出的多模态话语分析理论框架，我们可以把伴语言特征和身体特征归入英语口语的非语言因素。

在伴语言特征中，声调和语速是英语口语中比较重要的两个问题，因此在此着重讨论。声调主要指说英语句子时的升降调问题。升调、降调、平调、升降调、降升调，这些不同的英语声调在口语交际过程中可以让听者了解到讲话者的情感和讲话的重点所在。在大学英语口语教学实践中，学生在说英语时，往往弄不清楚何处应该升调，何处应该降调。造成这种困扰的一个主要原因在于英语和汉语声调存在着本质区别。不同于英语的是，汉语中汉字分为四个声调：阴平、阳平、上声和去声。因此，在读汉语时往往是一字一调。在汉语声调的影响下，学生在读英语时，往往将注意力放在每个英语单词的发音上，却忽略了句子要表达的内容；在说一个句子时，往往没有声调的起伏，这通常会造成表意上的偏差和听者理解上的困惑。因而，在英语口语教学中，教师应培养学生意识到汉语和英语声调之间存在的差别，避免汉语声调对英语发音造成影响，学会掌握英语语句重音的位置、选择状况、重音与语义的关系等，帮助学生消除说英语时的怪腔怪调，培养他们的英语语感并提高他们的英语口语表达能力。

除声调外，英语语速也是在英语口语教学中应该受到重视的伴语言特征。不论何种语言，都是用来沟通表意的，过慢或过快的语速都会给沟通造成负面影响。受到汉语字正腔圆、一字一顿等发音习惯的影响，有的学生力争发清楚每一个英语单词，以致忽略了英语中的连读、省音等现象，语速过慢会导致“中式英语”的倾向较为明显，与之相反的是，在以“疯狂英语”为首的多种英语口语培训法的影响下，许多学生甚至教师误以为说英语越快越好。诚然，说一口流利的英语会让人羡慕，但若只追求速度，而忽略了语言的表意功能，那么讲话者发出的声音对听者来说就只能是毫无意义、乱七八糟的噪声了。所以，教师在教学中也应有意识地培养学生适中的语速，以顺利达到用英语沟通交流的目的。

① 姜毓锋．基于多模态话语理论的英语教学模式构建[M]．北京：北京理工大学出版社，2015．

三、多模态话语理论对英语写作教学的启示

英语写作和口语一样，是英语学习输出的、外显的环节，英语写作水平的高低基本上可以反映一个人英语整体水平的高低。因此，教师应注重大学英语写作的教学。然而，通过教学实践可知，当前大学英语的写作教学中存在较为突出的问题。例如，过于模式化；重视度不够；教学材料和教学模式的局限性。

首先，过于模式化。由于要应付诸如大学英语四级、六级以及各种出国的考试，部分学生会千篇一律地写“三段论”的文章，还有的学生会去背诵并在写作中使用所谓的“万能模板”，而部分教师在教学目标的束缚下，也会倡导学生写这种文章。这样做造成的后果是学生的写作内容毫无创新和内涵，习惯于在作文中说大话、空话和套话，谈不到实质的问题，学生往往不清楚自己的论点、论据和层次；学生的思维也变得教条化、模式化。长此以往，必然会阻碍学生英语兴趣的培养和写作水平的提高。其次，重视度不够。目前大学英语必修课主要分为读写课和听说课两种，在读写课上，教师将大部分时间都放在精读课文的讲解上，写作教学往往只占用部分课堂时间，甚至有的教师在课堂上会直接忽略写作教学，写作大部分是作为课后作业来练习的。同时，由于大多数高校的大学英语教师教学任务较重、学生较多，教师几乎不可能做到细致认真地批改每一篇作文，进而较难做到个别辅导、因材施教。教师在备课时也只是将重点放在精读课文上，写作往往一笔带过，更谈不上精心设计一堂写作课了。最后，教学材料和教学模式的局限性。现行教材中，大学英语写作教学还不够成熟，不成体系，专门针对非英语专业学生写作教学的教材不多也不精，基本上就是白纸黑字，学生经常是一看到教材就对这门课提不起兴趣了。另外，尽管目前我国大部分高校英语教室里配备了电脑、投影仪等多媒体设备，这些设备也为多模态化的教学提供了基础，但这些设备是否促进了学生的学习，这一点还颇受争议。大部分英语写作教师还是传统书本式的教学方式，在讲解过程中，有的教师会使用 PPT 向学生展示教学内容，但多数只是把书本上的内容移到了幻灯片上，学生课堂上仍然提不起兴趣。课后教师也只是按部就班地指定某个作文题目，要求学生按规定时间完成并上交。这样，尽管在教学中确实有用到多媒体设备，但还不能称这种写作教学法为多模态的写作教学法，因为这种方法只是使学生被动地按照教师的要求完成任务，忽略了学生的能动性，没有让学生参与到教学当中。多媒体设备更像是课堂中的一种点缀，传统被动式的教学模式仍然没有改变。

针对以上问题，根据多模态话语理论可提出以下几种解决方案。

首先，使课堂教学开放化和灵活化。教师可以训练学生为写作课进行课前准备。教师课前可大致给出写作范围，让学生通过多种方式搜集资料并交流想法，具体执行方法可以是通过调查访问、图书馆和互联网积累相关资料，然后通过演讲与辩论、小组讨论等方式进行交流互动。这样做能够拓展学生的写作思路，并尽量给学生创造写作情境。在小组讨论中，教师可以指导各个小组针对同一题目的写作内容进行对比研究，引导学生通过交流和讨论去总结和整理自己组和其他组写作的优缺点，或是给每个小组指定一个作文题目，小组成员集思广益，通过讨论提出几个最有说服力的论点并举出精彩的论据，最后小组成员齐心协力完成一篇令人满意的文章。在讨论的过程中，学生能够借助从其他同学处获取的信息开阔视野，丰富写作内容。

其次，将写作和精读课程有效地结合在一起。这可以有效地解决时间不够的问题。精读教学比起写作教学，由于其内容设计更为丰富、成熟，往往能更多地调动起学生的多种感官，从而使其参与到课堂中去，实现多模态的教学目的。例如，《新视野大学英语读写教程》中的每篇课文之后都有一篇与课文内容相关的作文练习，作文的写作模式和框架往往是设定好的，作文中的词汇和句法等也与本单元所学内容相关。这样将两者结合在一起的教学使学生不必为写作材料的匮乏而伤脑筋，同时又加深了学生对精读课程本身的理解，因为只有在对课文本身有了充分的理解之后，学生才能够在写作练习中提炼出自己的独特观点。

最后，利用互联网进行辅助教学。当今社会互联网应用的普及使得互联网辅助教学的模式成为高校英语教学必不可缺的环节。教师在课堂上可以利用 PPT 等多媒体资源向学生呈现多模态的英语写作教学内容，其目的不是单纯地将课本上的内容搬到屏幕上，而是通过声音、图片、文章、视频等多种方式的融合，充分调动学生的多个感官，促进学生全身心地投入课堂教学活动。在对学生进行课外辅导时，教师可通过微信、QQ、电子邮件等多种现代化聊天和通信工具加强与学生的联系，并对学生进行写作方面的辅导，及时回答学生在写作中遇到的问题。此外，教师还可通过网络平台为学生布置作文练习，让学生按照教师预先设定好的要求自行上传文章，由系统自动为学生批改文章并指出相应的语法和表达问题。这种多管齐下的互联网辅助写作教学模式也在一定程度上提高了学生的英语自主学习能力，激发了他们进行英语写作练习的积极性。

四、多模态话语理论对未来大学英语教学改革的启示

综上所述，多模态话语理论对大学英语听、说、读、写各个层面的教学都能

给予一定的启示。因此，基于多模态话语理论的大学英语教学改革是一个可行的方向。纵观我国英语教育发展史，有几种英语教学法在我国英语教学历史上曾经或目前仍占有较为重要的地位，这些教学法包括传统语法—翻译法、听说法和交际教学法等。

语法—翻译法在中世纪欧洲人学习希腊文和拉丁文时就已经被采用了。而随着现代英语课程的开设，该方法也被应用于现代英语教学中。语法—翻译法是我国应用时间最久的教学法。它强调语法，着重阅读和学习原版的文学名著。但这种教学方法有其局限性：由于过分强调语言形式，从而忽视了口语方面的语音、语调问题；由于注重对原作的翻译，从而忽视了语言本身的运用问题。在这种教学法下培养出的学生通常在英语交际能力方面比较欠缺，但这种方式由于在我国施行年代久远，因此至今仍然对我国英语教学有着很大的影响力。

听说法又称句型列举法，20 世纪 40 年代在美国产生，其原型是美国陆军口语法。经过不断完善，这种理论得以成熟。听说法的理论基础主要源于结构主义语言学和行为主义心理学这两个学科。该方法要求学生多次听取录音，模仿流利的语音和语调。按照刺激与反应的理论，该方法限制学生只接触和使用正确的语言，以避免出现任何错误，因此听说法忽视了学生创造能力和认知能力的发展，忽略了学生个体之间的差异性。不注重对学生阅读和写作能力的培养，重复的句型操练往往会与实际生活脱节，单调而又乏味。听说法在 20 世纪 60 年代初期传入我国，对改善我国英语学习者的英语听说能力起到了一些作用。但因为这种方法对教师能力提出了较高的要求，并且当时大部分学校都缺乏必要的电教设备，所以该方法并没有得到全面的推广。

交际法受到功能主义、心理语言学和社会语言学等领域的影响，形成于 20 世纪。其主要目标是教授学生如何实际应用语言进行交际。该方法强调语言的基本功能，即语言是一种供交际的工具，而语言教学的目标就是使学习者获得交际能力。交际法重视语言的意义和运用，而不是语言的形式。因而，语言形式的正确与否在该方法中往往要次于语言在交际过程中的流畅性。交际法使得人们对教师角色的认知发生了重要的变化。学生成为英语课堂的中心，教师的作用则是组织、促进学生交流。但该方法在实施时常常遇到的问题是——受文化习惯的影响，我国的部分英语学习者不愿意积极参与英语交流，更不喜欢参加促进交际的活动。

从以上教学法的改革过程可以看到，无论何种教学法，都离不开对两个问题的改革，即教师的教和学生的学，这几种教学法经历了从以教师为中心到以学生为中心的转变过程。从目前国内英语教学来看，一种灵活地、综合地运用教师中心和学生中心的模式更能受到教育者的青睐。结合多模态话语理论，我们可以提出一种基于多模态话语理论的折中式或综合式教学法。在这种教学法的影响下，无论是教师的教还是学生的学都受到了同样的重视。

以下将从教师教学和学生学习两个方面来谈谈如何实施基于多模态话语理论的综合式教学法。

（一）教师教学

现代信息技术高速发展、日新月异，多模态教学也应运而生。超文本时代的到来使人们不受时间和空间的限制，随时随地通过互联网进行多种形式的信息交流。例如，微信、微博、QQ、电子邮件等媒介均成了人们进行信息交流的载体。近年来，多媒体逐步走进了大学英语教学的课堂，多模态式的教科书（或应用软件）也渐渐地走进人们的视线。这种多模态资源的存在，给了英语教师更多教学方式和手段的选择，使创设更为丰富多彩的英语课堂成为可能。

除此之外，教室中的投影仪、扩音器等都是媒介形式，而黑板、粉笔等则是构建意义的模态形式。可以看到，媒介是传达信息的工具，而模态则以特殊方式使用媒介传达信息，通过触觉、听觉、视觉等感官与外部环境进行互动。人们在日常交流中常使用多种语言方式，包括语言、图像、声音和动作等，因此在语言教学中也可以采用多种语言方式，调动学生的视觉、听觉和触觉等多种感官，从而提高语言教学效果。使学生能获取文字、图片、音频、视频等交互式的学习环境，更便捷地掌握语言运用能力。举个例子，现代语言教学课堂中，有很多教师开始使用 PPT 授课，借助这种软件，教师能够将包括文字、图片、音频、视频等在内的多种模态综合应用到课堂教学中，创设一种多模态语篇。

多模态语篇之所以适用于英语教学，源于它本身的优势，即利用多种符号和方式进行交际。在教学过程中，运用这种方式可以调动起学生的多种感官，使枯燥单一的文本转换成可视、可听、生动有趣的动感内容。这种图、文、声音相结合的教学方式易于帮助学生消化知识，促进学生理解掌握所学内容，因为通常声色刺激比单一的文字刺激要强烈得多。多模态运用于英语教学中可使学生在英语的学习过程中以多种感觉器官参与学习。多种媒体信息刺激学生大脑皮层相应的机能区，比单一媒体信息刺激所引起的反应要强很多，更有利于知识的理解和记忆，能产生更好的学习效果。①

具体到大学英语课堂上，教师应充分利用多模态教学的特点，通过丰富多彩的教学方式激发学生对英语学习的浓厚兴趣，以此提高课堂教学的效果。在现代技术条件及多模态话语交际框架下，对模态的选择可以从三个角度进行：为英语教学提供教学情境和便利条件；为英语教学提供辅助条件；为多模态话语交际提供多通道话语意义表达方式，提高教学效率。②课堂上，除了强调所讲内容，教师还要注意自己的肢体动作，因为肢体动作也是一种模态，恰当的手势和肢体动作的运用能够形象化地表述教学内容，帮助学生更好地理解。另外，PPT 等现代教学手段的运用，不应是以排除传统教学方式为前提的，各种模态综合运用才能达到最佳的效果。

进行多模态式的教学，除了注意以上强调的肢体语言问题，为了提高课堂教学效果，教师还需掌握协调运用不同的教学方式和手段。如着装既要合体大方又要有时尚元素，站姿不要总是挺拔从而显得过于僵硬，动作幅度要适中；学生不要坐得过于松散（要按小组就座）；教学中使用的音乐要和所讲解的内容基调相符；图画要配得恰到好处等。

教师还要和学生建立良好的人际关系，尽量缩短教师和学生之间的心理距离。教师的表情一般应该亲切、面带微笑，语言幽默、诙谐，眼神柔和，从而创造轻松的学习氛围。教师应在讲台和学生之间移动，把学生的注意力吸引到学习任务上来，避免他们分心。教师要学会转换角色，为学生提供实践的机会，使他们成为听觉和视觉模态的发出者，而不总是接受者，使他们成为课堂的主体，通过做报告、辩论、表演等可实现这一目标。

（二）学生学习

学生在学习过程中也应建构起一种多模态的英语学习模式。多模态的英语学习方式是指学生通过多种感官与外部环境之间进行互动学习英语的方式。构建多模态的英语学习环境需要创设一个智能化的环境来帮助学生获取所需要的学习资料，但这不仅是简单地通过网络获取英语学习信息，而是要创造可以帮助学生随心所欲学习英语的环境，实现多角度互动的有效学习英语的目标。从而实现有效学习英语的多层次互动模式。

---

① 姜毓锋．基于多模态话语理论的英语教学模式构建[M]．北京：北京理工大学出版社，2015.

② 朱丽．多模态话语理论与英语教学研究[M]．石家庄：河北人民出版社，2019.

在这种多模态的英语学习环境里，所有现实的空间都可以为学生所用，成为学习的空间。学生可以自由地在适合自身情况的空间中选择适合自己的方式进行个性化、多层次的互动学习。因为多模态的教育环境里蕴藏着知识获得、存储、编辑、表现和创造等潜能，所以学生应用英语语言的创造性和解决问题的能力也会得到很大的提高。

下面来说说多模态英语学习的心理理论基础。英语学习者的学习策略往往不是单一的，而是多种策略相互影响、共同作用于英语学习者的身上的。学习者的自我效能感、学习动机、自我价值感等决定了学习具有多模态的性质。具体到学习英语的学生身上，学生若能恰当选取适合自己的学习策略，学会在学习过程中进行自我监控，才能成为真正的自主学习者，从而受益终身。这样的学生能够开启学习的良性循环，使整个英语学习过程变得更加成功。在行为主义心理学中，通常将学习描述为学习者的行为在经验作用下发生的变化。动物为适应环境并求得生存所做的反应被定义为适应性学习，这种学习与其生存的环境密切相关。在这方面，人类和其他动物没有任何区别。学习英语也需要积累经验，这样会使学习者在长期的学习过程中产生行为上的潜在变化。行为潜势与实际行为不同，实际行为是外显的、自己或他人可观察到的行为，而行为潜势则需要外界刺激才能够转化为实际行为，如学生学会了某个物品对应的英语单词，但一直没有见到真正的物品去使用这个词，此时我们便说这个学生有了用这个词去指具体物品的行为潜势。一旦这个学生见到了真正的物品，之前的行为潜势就可以转变成语言的实际行为。语言学习行为潜势就是这种内在的、储存在大脑里的学习能力。

认知心理学关注的核心是人类学习过程中大脑所扮演的关键角色。人类与外部环境的互动是通过大脑生成的意义间接完成的。举例来说，英语学习者在学习一个新单词时，并不是把这个单词的字母组合简单地印到脑海里，而是要经过一个意义加工的过程：这个单词是什么词性？能用于什么样的场合？大脑里对这个意义有了一个认识之后才会做出表示听懂了的外部行为。认知心理学关注的正是这种控制外部行为的意义构建问题。但意义构建的过程并不是学习者凭自己的想象创造出一个意义，而是学习者通过与教科书、教学方式等外在环境的互动，了解所学知识对学习者的作用，以多模态的方式构建学习者自己所理解的意义。

综上，构建多模态式的英语学习模式可以有以下两种渠道。

首先，创建学习行为的范本。学习行为模型致力于将具体的学习行为进行抽象化，将研究者需要详细研究的方面加以强调、并忽略那些无须研究的方面。学习行为的模型是由三个基本角色构建而成的，其中外部环境互动角色被表示为信息获取角色。大脑对通过与外部环境互动所获得的信息进行处理，并通过构建角色的意义来表示这些信息。对学习效果进行外在表现的方式是扮演实践能力的角色。每种基本角色都有独特的衍生角色。信息接收者的不同层面包括视觉、听觉、触觉、嗅觉和味觉。模拟对象是人脑对外界信息进行加工处理所构建的角色。五种感觉方式应该更准确地称为“五种模态”。每一种模态都具备自己独特的细分模态。某些情况下，模态感受器可能源自外界所发出的刺激，这类感受器通常将其处理成有意义的信息。然而，其他类型的感受器可能是从体内接收的信息，它们负责解释身体内部的状态。

其次，在多模态表达中合适地进行模态转换。通过模态转化，学习者可以更深入地理解所学内容，从而增强自身的记忆力。在学习英语的过程中，通过英语模态转换，学习者能够将外在的新信息跟个人头脑内部存储的知识进行联系、转换，这个过程无形中强化了英语学习的效果。这种模态转换的情况在人类的思考中是极为常见的。例如，当见到一位似曾相识的人时，本人绞尽脑汁也想不起他的名字，这时若他谈到共同参加过的一个聚会以及当天参加聚会的一些人，就很有可能想起他的名字。而现今的计算机化英语学习方式则更加关注于实现多模态学习，其中模态转化扮演着重要的角色。人类与计算机的交互方式具备多种形式，其中包括视觉、听觉和触觉等感知方式。计算机的多媒体元素包括但不限于文字、图像、表格、声音、视频、动画等不同形式的素材。通过与视频互动，视觉和听觉能够传达直观且实际的感受。学生在学习英语时，采用基于计算机的多模态式学习方式的成本和效果比其他方式更具有高效性，甚至可以用事半功倍来概括。

总的来说，有效地推动教师与学生之间、学生与学生之间、人与机器之间的互动，是实现全方位多模态英语学习的核心，而多层次互动则是这种学习方式的基础要素。如果忽视了这些要点，就会违背协作、对话和语义构建的目标。

第二节　多模态对诗歌解读和图文关系构建的影响

一、多模态话语理论对诗歌解读的影响

诗歌是文学的重要组成部分，其表现方式和手法比较特别。诗歌所运用的语言凝练且优美，是艺术的一种主要表现形式，旨在表达作者的心理和思想。伴随

着诗歌的出现和发展，尽管有众多的文学评论家和语言学家等从多个角度分析和解读诗歌，然而他们大部分人只着眼于诗歌的文体。因此，我们在欣赏诗歌的同时，如果利用英国语言学家韩礼德的系统功能语法为基础的多模态话语分析方法来研究诗歌中所展示的众多特殊表现意义，可为解读一些诗歌提供多个新角度，从而更多地感受到诗歌所具有的迷人魅力。

（一）多模态话语理论对英文诗歌解读的影响

依据系统功能学理论，语言作为人类社会活动的产物，是人类社会在发展进程中创造的交流工具，具有众多现实功能和意义。语言符号均有社会含义，所有符号被创造者再造和设计。其中，多模态符号包括话语、文本、信件、色彩、文字等元素，体现了创造者的思想。在文学的创作进程中，人们在诗歌创作中往往运用新颖的思维、丰富的想象力，以及别具匠心的表达方式来展现给读者其独特的创造性美感，为读者带来新奇的艺术体验，具有音乐美感、视觉美感、意象美感等特点。下面将从以上三个方面来具体分析英文诗歌具有的多模态意义。

1. 音乐美感

诗歌，尤其是英文诗歌具有的音乐美感是其重要魅力之一，英文诗歌的音乐性主要包含英文诗歌的声、节和押韵。其中，声代表了诗中多次重复的元音与辅音，以及它们的比较应用；节是诗篇中读音轻重或长短的规律；押韵体现了诗歌的和声美感。当代诗人郭小川认为，诗是最有音乐性的艺术，因为诗是以抒情为特征的，而音乐性这个因素是有助于抒情的。[①] 因此，诗歌的音乐性本身就是评价或研究诗歌的主要组成部分，同时它也在诗歌的篇章衔接中扮演了重要的角色。语篇的组成是由非结构性关系组成的，这些关系称为衔接关系，其主要表现为语义关系。语篇是一个语义单位，其衔接关系主要通过词汇和语法系统表示，而一些衔接关系也可以在语音系统中表达，这被称为音系衔接。音义联系已经深深烙刻在人类内心的直觉之中，而这种联系在强调所感所得的境界和强调语言与人的陌生化的诗歌语篇中，经过作者的精心编排和巧妙运用，便可以成为一种有效的衔接方式。它不仅可以形成连贯的表达意义，同时还能通过文本的风格达到表现诗意的效果。例如，英国诗人丁尼生的诗《鹰》的其中一节。

The wrinkled sea beneath him crawls,
He watches from his mountain walls,
And like a thunderbolt he falls.

① 陶亚宁．现代英语阅读与多模态教学融合研究[M]．天津：天津科学技术出版社，2020.

在这一节中，作者多次使用了长元音，这在朗读和鉴赏中会使读者的发音增长，让本篇的诗歌语言更加具有力量。丁尼生通过诗歌的韵律以及节奏的美感深化了鹰在读者心中的形象，把语音和文字结合在一起，向读者传达了诗歌所描绘的意象，让读者在阅读时身临其境，看到了陡峭的山峰与广阔的蓝天；更有威风凛凛的鹰出现在画面之中，山下有汹涌的波涛，山上有眼神敏锐的鹰。诗歌末尾描写鹰犹如闪电陡然飞下的画面让人回味无穷，给人以视觉和听觉的双重冲击，体现了诗歌的音乐美感。

2. 视觉美感

在诗歌的创作过程中，诗人会以书写符号来记录下诗歌的视觉美感，会在诗歌的结构或编排上巧妙地把诗歌所传递的视觉感受和诗歌想要表达的意象结合在一起。这种体现诗歌视觉性的创作手法打破了诗歌在语言上（字、词语、句子、诗节等）常规的组合方式，诗人利用书写符号这种符号模态，更加生动地展示了诗歌所要刻画的事物的特征。

有些诗人在创作诗歌的时候会特别注意诗歌的视觉美感，他们会把绘画或者结构等美学的手法巧妙地应用到诗歌创作中，其目的在于表达诗人的视觉思维，向读者传递一种来自视觉的画面感，通过诗歌特殊的视觉结构，如诗行的巧妙编排等，组成新颖的形式，为读者带来视觉上的冲击，有助于读者对诗篇的理解，也扩大了读者的想象空间。

3. 意象美感

诗歌本身作为一种特别而又基本的文学体裁，能够反映人们的思想情绪与现实生活。与此同时，诗人用凝练简洁的语言和丰富的想象力来创作诗歌，使诗歌表现为一种阐述人们思想与心灵的语言。为了使诗歌所描绘的外部场景和作者思想、心灵能完整地契合统一，有的诗人在诗歌中使用了一定技巧让诗歌具有意象美感，这样既可以丰富诗歌的画面感，也能唤起读者更多的想象力。下面以20世纪美国著名诗人埃兹拉·庞德的代表作 *In a Station of the Metro*（《在一个地铁站》）为例，探讨该诗中表达的意象。

The apparition of these faces in the crowd;
Petals on a wet,black bough.

埃兹拉·庞德的这首《在一个地铁站》篇幅极其短小，全篇诗歌只有两句，却被封为意象派诗歌的经典，因为这篇作品体现了诗歌意象美感几乎全部的特点。实际上，此诗是作者埃兹拉·庞德在地铁站偶然得到的印象，经过反复推敲凝练，思考近一年之后，将一开始30行的诗句缩短成现在的两行。简明、含蓄的意象表达，不仅使整首诗歌具有内在的节奏感，而且能够激发读者的视觉意象，引起读者的联想。在阅读这首诗的同时，读者能够体验到人群的面孔和花瓣制造的像底片叠印一般的惊人效果，这种效果也充分体现了埃兹拉·庞德诗歌意象美感的特征。

这首《在一个地铁站》的最大特点是意象派诗人惯用的“意象叠加”手段，这种手段通常指的是把比喻和所要修饰的意象巧妙地结合在一起，省去很多连接的词语。用此手段可以达到一种特别的艺术效果，给诗歌增添独特魅力，从而更加吸引读者。《在地铁站里》全篇只有两行 14 个单词，却塑造了 4 个意象，分别为面孔（faces）、人群（crowd）、花瓣（petals）以及树枝（bough），同时也给读者提供了 4 种画面。这 4 种意象相互联系并且每种意象叠加在一起，使读者在读这首诗时有交融的感觉。

在前两句中作者描绘了在地铁站里闪现的人群的面孔，以及在湿漉漉黑色树枝上的花瓣。这两句诗不只有非意象派诗歌中所运用的比喻手段，而且由面孔、人群以及花瓣、树枝组成的两组意象相互叠加而成。这两组意象是埃兹拉·庞德从双重角度出发，对当时在地铁站中的感受的有力表达。无论是地铁站里的人群和面孔，还是黑色树枝，实际上都是情感上暗色调的表达。阴暗潮湿给人压抑的感受，符合地铁站中的气氛。用花瓣来比喻人的面孔，美丽的花瓣使人群的面孔给人以勃勃生机之感。诗中每一个词代表一个画面，每个画面交替出现，给读者特别的阅读感受。埃兹拉·庞德在本诗中只用寥寥几词便勾画出丰富的意象画面，使读者有画面与情感融为一体的阅读感受。读者在阅读中也不由自主地激发了自己的创造力，扩大了想象空间，犹如突然置身于地铁站中，与作者感同身受。

综上，从多模态话语分析理论出发来研究鉴赏英文诗歌的三个特性，能够给我们提供更多的角度来解读英文诗歌。有的英文诗歌能够准确诠释音乐美感、视觉美感或意象美感的一种，还有的英文诗歌能够完全体现这三个多模态意义。

（二）多模态话语理论对中国古典格律诗解读的影响

罗马著名诗人贺拉斯在他的《诗艺》一书中指出：“一首诗仅具有美是不够的，还必须有魅力，必须按作者的愿望左右读者的心灵。”[①] 我们在解读、欣赏诗歌的同时，往往会发掘和发现诗歌的美，但是一首真正耐人寻味的诗歌，总是凭借其

① 姜毓锋．基于多模态话语理论的英语教学模式构建[M]．北京：北京理工大学出版社，2015.

深远的内涵和优美的音节引起读者的关注。中国古典格律诗以其独特的魅力吸引着读者，它以高度凝练的文字展现给读者精美的画面感或传达深邃的哲学思想，散发难以抗拒的艺术气息，犹如清茶淡饮，让人有绵长的回味，其中精巧的比喻更让人赞叹不已。中国古典格律诗更以独特的书写编排以及在节奏和声上的规律吸引我们去探讨研究。在欣赏一首中国古典格律诗的过程中，除了理解诗歌文字本身想要表现的意义，我们还可以调动所有的感觉器官从听觉、视觉、味觉甚至是嗅觉等多个角度去解读。

因此，在解读中国古典格律诗时，结合多模态话语理论，尤其是多模态符号学理论，会给我们提供新的角度和思路。韩礼德提出的“语言是社会符号”这一理论，引领了社会符号学的发展，而社会符号学的进展则促进了多种表达方式的研究，最终形成了多模态符号学。在日常生活中，文字、诗歌、绘画等手段常被用来表达情感，这些表达方式还有可能传达深刻的含义。

多模态符号学的基本原则是，所有意义的生成都渗透在可区分的符号资源系统中，如语言、姿势、描写和动作等。这是因为意义的产生是符号实践和物质行为的相互作用。每一个物质行为都可以被表示成一个或多个符号关系系统，如一个书面词既可以被视为语言学上的符号，也可以被视为可视的书写符号。同样地，一个口语词汇的构建还需要考虑非语言方面的因素。理解一个图像通常需要考虑其视觉和语言学的特性。因此，研究不同符号系统中物质和符号学要素如何融合成为一种语篇是非常重要的。可以采用先就个别符号系统进行分析，再将它们整合为一个整体的方法进行研究。

因此，我们在解读诗歌，尤其是在解读中国古典格律诗的时候可以从多模态角度出发，研究其语言编排的特点、声音和节奏的规律以及不同模态互动产生的效果。

下面以唐代诗人李商隐的《无题》为例，从视觉模态、听觉模态和不同模态间的互动意义对其进行多模态化的深入分析。

无题

相见时难别亦难，东风无力百花残。
春蚕到死丝方尽，蜡炬成灰泪始干。
晓镜但愁云鬓改，夜吟应觉月光寒。
蓬山此去无多路，青鸟殷勤为探看。

1. 视觉模态

《无题》这首中国古典格律诗歌，诗句对仗工整，用词精确，整篇诗歌视觉上整齐均匀。而我们所要研究讨论的格律诗的视觉模态特征就是格律诗歌通过印刷体所展示出的视觉效果。此篇诗歌通过整齐的诗歌整体编排、诗歌语言和标点符号的组合，激发了读者在阅读诗歌过程中的视觉效果，使得《无题》显得工整且起韵自然，给人以美的意境，在视觉上呈现出一种独特的魅力。再看诗歌的结构，整篇诗歌一共有 4 个诗行，每个诗行由两句诗句组成，中间用逗号隔开，诗的行末尾字押韵且均用句号收尾。寥寥 56 个字，从句式上看工整匀称再次反映了中国古典格律诗歌在视觉上产生的形式与结构之美。诗中所表达的因情而缠绵悱恻，是两人相互忠贞不渝、海誓山盟的写照。诗歌的格式浸透着两人不能相见的惆怅，倍感清冷。唯一可以盼望的是但愿青鸟频频传递相思情，表现了作者饱受离恨的哀伤。此篇《无题》整体意境朦胧优雅，感情深沉含蓄，极富艺术感染力。

2. 听觉模态

因为中国古典格律诗歌大多韵律感较强，所以读起来朗朗上口，具有音乐美感。李商隐的《无题》中韵脚都运用了 an 音，平仄方面也很考究。

相见时—难—别亦—难，东风—无力—百花—残。
春蚕—到死—丝—方尽，蜡炬—成灰—泪—始干。
晓镜—但愁—云鬓—改，夜吟—应觉—月光—寒。
蓬山—此去—无—多路，青鸟—殷勤—为—探看。

此诗从音律角度去分析，其语言变化和表现力都非常强，而且有很强的音乐感。它的节奏形成了 4 个节拍，每个节拍都有强弱之分，分别为“二二一二”式和“二二二一”式。七言律诗要求偶数句末尾的韵脚必须对仗，而颈联和颔联的句型和词性必须严格相同，在选择词语时不应重复，而且要确保词语的意思相关，并注意平仄的匹配。如同这首诗所呈现的，其中包含着“难、残、干、寒、看”这一系列的韵脚。概括地说，短调音乐的韵律丰富多彩，而长调音乐则相对单调。

从节奏的角度去分析，李商隐的这首《无题》的节奏如下：

平仄平平平仄平，平平平仄仄平平。
平平仄仄平平仄，仄仄平平仄仄平。
仄仄仄平平仄仄，仄平平仄仄平平。
平平仄仄平平仄，平仄平平仄仄平。

不难看出这首《无题》的诗句在句法构成上是一致的，如诗中“春蚕”对应“蜡炬”，“到死”对应“成灰”，“丝方尽”对应“泪始干”，具有格律诗歌对仗的特点。在韵律方面，汉语古词汇以单音节为主，双音节词汇和原本就是双音节的词汇只能占据一个韵律单位。这也就意味着它们不能在节奏上占据更多的空间。诗歌中的“相见时—难”破坏了诗的韵律结构，使“相见时”这一词组跨越了两个不同的节奏单位，即顶节和颈节。有的诗人在创作原诗时，会在平仄方面偏离正统的诗歌写作法，不过这仍然被视为一种变体。

3. 不同模态间的互动意义

以上基于多模态话语理论对《无题》进行了视觉模态和听觉模态的分析以及研究。从视觉模态角度讲，李商隐在创造《无题》的过程中，使用了均匀的节律，全篇诗歌文字整齐，在整体排列上诗篇对称形成标准的矩形，是对汉字结构的放大式延展，使视觉上具有立体图形精妙的效果，体现了中国古典格律诗歌对仗的美感。《无题》仅仅 8 句，56 个字，不仅完美地诠释了作者李商隐在创作本诗时的心境，而且在诗中表达了其对情感的执着追求，以及诗行间透露的苦涩与迷惘。从听觉模态角度分析，中国古典格律诗歌在创作上表现了结构上的美感，在音律方面也极其考究，诗人通过精妙的谐音寓意、恰到好处的韵脚，在体现整首诗歌形式美感的同时也展现了其音乐美感。诗歌每两句为一联，每句 7 个字，两句为一韵，颔联和颈联整齐对仗，四步四拍的节奏让诗歌读起来朗朗上口，诗歌语言的内在变化体现了韵律美，从听觉上吸引广大读者阅读鉴赏。

在诗人创作诗歌的进程中，诗歌的艺术性从根本上来讲不仅体现在诗歌语言的应用上，还体现在文字的编排以及诗歌的音乐美感等方面，这些都反映了诗歌创作者的思想和诗歌语言的艺术性。读者在解读一首诗歌时，除了理解诗歌文字本身传达的信息内容，还可以通过调动多种感官，从多模态的角度来鉴赏诗歌。因为不仅诗歌语言可以表达信息，诗歌的画面以及韵律等均可传递语篇意义。所以，从多模态理论角度出发分析研究诗歌，能够让读者更加深刻地理解诗歌所蕴含的意义与魅力。

二、多模态话语理论对图文关系构建的影响

我国开始研究多模态话语理论仅有十几年的时间，尚处于初级阶段，但由于众多国内研究者对多模态话语理论的研究价值给予了充分肯定，应用研究设计的范围日益增大，多模态话语理论对图文关系语料的建构和分析也产生了深远的影响，越来越多的研究者开始涉足对图文关系的多模态意义建构的研究与分析。

实际上，多模态话语理论在图像和文本之间建立关系存在一个难以解决的问题，也可以称之为“瓶颈”。多模态话语理论的难点和关键在于理解图像和文本之间的互动如何产生意义。很多学者曾尝试使用系统功能语言学，基于韩礼德系统功能语言学的三大功能，并借鉴克雷斯和莱文所创建的视觉语法，来发展视觉图像分析语法框架，以分析图文语篇中的意义构建。

此外，认知语言学还通过探究多模态隐喻，寻找发现多模态语篇中的隐喻意义，如采用空间隐喻来建构社会现实与人际关系的方位关系，并将包括语言和图像等在内的多种意义载体组合成连贯的整体。与此同时，多模态话语理论作为语篇策略的一种，通过对图文关系的构建和重建影响着读者的思想和行为。所以，分析多模态话语理论对图文关系构建的影响具有深远意义。

（一）多模态话语理论对广告语篇的影响

随着社会的发展，科学技术日新月异，电脑和网络渐渐进入人类生活，多媒体技术开始在人类社会中普遍运用和发展。这种科技的发展导致的结果之一就是我们的语篇也渐渐向多媒体化发展，广告语篇更是如此，其多媒体化形态也逐渐显现出来。

广告与人们的生活息息相关，作为一种实用性很强的语篇，它吸引了很多语言学家进行长时间的研究与分析。随着商品经济社会的迅速发展，广告在人们的生活中随处可见，对消费者的消费心理起着重要作用。因此，商家以商业广告为手段吸引消费者，广告的优劣已经成为是否能够扩大销售额度和提高商品影响力的重要因素。广告设计者和商家往往利用各种手段充分调动消费者的听觉与视觉等各种感官。科技的日新月异也使得广告的质量有了很大提升，如视频广告运用最新的数码技术，融合音频、动画、图片等元素形成一种新的展示模式，提升消费者的观看体验，加深广告和商品在消费者心中的印象，从而提高商品的销售量。由于广告语篇在这些年随科技进展有新的变化，众多语言学家从各种角度对广告语篇进行了新的探索和研究。然而截至目前，大部分针对广告语篇的分析研究都集中在修辞、翻译及商业广告语言特性等视角，基于多模态话语理论的研究较少。因此，以系统功能语法演化而来的多模态话语理论分析方法为依据，对广告的建构意义进行探讨十分有意义。

下面以某手机公司的“Find Me”系列广告为例，从再现意义、互动意义和构图意义三个方面展现多模态话语对广告语篇的影响和意义。

本篇广告的主线是一位青年和一位陌生的妙龄女子在巴黎多次偶遇，两人分别在地铁、街头、雨中、楼梯等不同场景中多次擦身而过。反复邂逅让二人互相产生了强烈好感。在好奇心的驱使下男子追逐着这位陌生女子的身影，犹如好莱坞大片的特效和剧情设计引人入胜。广告的开头，男子首先出现在巴黎的地铁中，他在列车中邂逅了这位巴黎美女，而寻找她的唯一线索就是一句“Find Me”。其后镜头推移到巴黎的街道，男子再一次与这位女子擦身而过，在他发觉她正是当初在地铁邂逅的女子时，她已然离去，但留下了一包物品作为线索。男子通过手机的智能定位功能发现了她雨伞上印有的宾馆标记，并在法国街道上寻找到了该宾馆的所在处，然而女子已经离开宾馆，男子冲出宾馆，最终在桥上发现了这位多次邂逅的神秘女子。

1. 再现意义

克雷斯和莱文提出的多模态语篇再现意义可以被归为三个类别，分别为活动过程、回应过程及语言和心理过程。这些类别可用于描述多媒体中的信息传递方式。概念再现类似于功能语法中的关系和存在两个阶段的过程。图片中的明显对角线创造出斜向的布局，这种排列方式被视为矢量，因为它能够传递叙述和方向的能量。那些参与叙事再现行动并推动故事发展的人就形成了一个无形的矢量线条。因此，通过研究图像中的向量关系，我们能够推断参与者之间的相互作用关系。

在广告的开始，摄影镜头首先投射在广告中男女主人公的面部表情上，男主人公透过飞驰的列车车窗凝望远方，在无意中发现了女主人公的身影。这位巴黎美女的脸上显露出迷人的微笑，欲言又止，仅仅在列车的车窗上留下了“Find Me”的字符。开头部分二人的表情意味着他们将是整个广告行动过程中的主要参与者。随后，画面移动到巴黎的街道上，女主人公驾驶摩托从男主人公身边飞驰而过，这次二人距离又更加拉近，男主人公先是茫然不知所措，在他意识到自己又一次邂逅女主人公之时，她已飘然离去。但他又发现了她遗留下的线索。在第二个场景中，摩托车的急速行驶不仅具有力量的特征而且预示了行动的方向。摩托车行驶的方向为前进的矢量，在广告中形成了鲜明的对角线，两位主人公被这矢量线条所指引，在场景中形成强烈的交叉。下一幕场景变换到二人雨中偶遇，映入观众眼帘的女主人公的那条红丝巾成了明显的分割点，红色本身具有力量与热情的特质，红丝巾在画面中的快速移动联结了两位主人公。整篇广告的最后若干组画面是一系列蒙太奇式的切换，其中插入了男主人多次飞奔的画面，充分展示了“Find Me”这一广告所要表现的主题，而男主人公反复飞奔的场景又是整个广告的矢量，也让观众加深了这款手机运行速度快的特点的印象。

2. 互动意义

克雷斯和莱文的视觉语法框架中的互动意义对应了功能语法的人际意义。互动意义所表示的是图像的制作者、图像所表征的事物（包括人）和图像的观看者之间的关系，同时提示观看者对表征事物应持的态度。互动意义的构成要素分别是接触、社会距离、态度和情态，四要素自成体系，其变化和选择最终会影响图像和观看者之间的互动关系。①

在上文中的商业广告里，画面中反复出现了男女主人公的面部特写，他们的眼睛似在凝望着观众，成了广告语篇中存在想象力的人际交叉。通过他们二人眼神的凝望与变换，让正在观看广告的观众置身其中，仿佛正在与广告的主人公发生互动。

从此篇广告的整体结构来看，广告的设计者主要把几幕充满神秘感的短小片段拼接在一起，以微视频的方式传递给广大消费者。在广告热播之际，广告的男主人公也刚刚出演了获得国内外好评的电影，而熟悉该电影的观众不难发现，许多广告中的情境编排和内容设计与电影有着极其相似之处。在广告的前两幕，男主人公和女主人公反复邂逅，充满了神秘气息，让刚刚欣赏过电影的观众感到此广告似乎是对电影情境的延展，吊足了观众的胃口。随着情节的发展，当男主人公拿出手机，通过软件搜寻女主人公的踪迹时，观众才会意识到原来短片实则是一条手机商业广告。但这样紧凑的广告情节和悬念不仅不会让观众反感，还会促使观众继续观看。实际上，吸引观众的不只是巨星带来的名人效应，更是由于广告的巧妙编排激发起了观众强烈的观赏兴趣。镜头多次定格在男女主人公深邃的眼神和凝望的茫然，这缩小了广告主演人和观众的社会距离，并且在双方身份间建立了一种巧妙的人际关系，观众在欣赏广告的同时感觉身临其境，瞬时也化为其中的男女主人公，从而继续观赏，使该手机品牌深入人心并获得观众的认同，从而达到了广告创作人和商家的目的。

视觉语法中互动意义的情态要素也在这则广告中起到了深刻作用。互动意义中的情态指的是我们对关注世界所做出的陈述的真实度和可信度。②克雷斯和莱文将其划分为八个视觉标记，即色彩饱和度、色彩区分度、色彩调和度、语境化、

① 苏一凡．多模态英语教学理论与实践[M]. 北京：中华工商联合出版社，2021.

② 同①.

再现、深度、照明和亮度。例如，广告中男女主人公再次在巴黎街道上邂逅，此时天空正飘着蒙蒙细雨，广告设计者用一种暗色调处理了雨蒙蒙的巴黎大街，女主人公撑伞匆匆走过，男主人公迅速把女主人公的身影拍摄下来存入手机，这时广告画面集中在男主人公的手机屏幕上，通过手机上女主人公照片的反复放大缩小，体现了手机照片的质量。此时定格在手机照片上女主人公的鲜红色丝巾和暗色调的巴黎大街形成了极其鲜明的对比，提高了整条广告的水平，也体现了情态要素在此广告中的影响。

3. 构图意义

构图意义在多模态语篇中的作用相当于其在功能语法中的语篇意义，主要包括信息的价值、观察的角度和突出的重点。元素在构图中的位置决定了它在整体中所扮演的角色，从而影响着信息值的传达。克雷斯和莱文认为“上方与下方具有不同的信息值。置于上方的元素是‘理想的’，即它是信息的理想化；置于下方的元素是‘真实的’，即它是更特定的或更实际的信息”①。

在这部手机商业广告中，画面多次定格在了男女主人公的面部表情之上，体现了此广告语篇的显著性和信息值。传统手机商业广告通常以手机作为线索展开，而在本则广告中，第一幕女主人公在列车窗户上写出的“Find Me”成了唯一的广告线索。镜头中其他场景组成的信息，如蒙蒙细雨、巴黎熙熙攘攘的人群及街景等已经被弱化。尽管男主人公在寻找女主人公时运用了手机的特殊功能，广告中的手机又好似并不是突出的中心，只是为了表达男主人公想寻找神秘女子的迫切，但也是在突出广告“Find Me”这一显著线索。

除了以上多模态语篇构图意义的信息值和显著性在广告中的体现，广告的取景也影响了广告情节的内部连接关系。在此部商业广告的情节推进过程中，广告创作者运用了不断变化的动态画面，取景从列车到巴黎大街再到宾馆，结合情节的发展向前推进，画面中切入男主人公的内心独白，画面反复定格在主人公的脸上，短暂停留后又变换到下一场景，逐渐把广告的情节推向高潮。随着谜底的揭开，男主人公追逐女主人公的脚步不断加快，音乐节奏也越发令人紧张，其中手机的运用体现了男主人公的智慧，也暗示了手机功能的强大。最终广告开放式的结尾耐人寻味，让观众意犹未尽，也给这款手机蒙上了神秘的面纱，吸引着消费者对手机功能和质量的探索，达到了宣传手机的目的。

广告本是一种实用文体，以宣传推广为目的，追求商品利益。与传统广告语

① 朱丽．多模态话语理论与英语教学研究[M]．石家庄：河北人民出版社，2019.

篇不同，视频广告语篇更具有多模态的特点，多种模态的相互作用和影响帮助广告设计者和商家实现商业广告的目的。多模态语篇分析为我们研究广告语篇提供了新的方法，与此同时也验证了多模态话语理论对广告语篇分析具有深远的影响。

（二）多模态话语理论对讽刺漫画构建的影响

多模态话语指运用听觉、视觉、触觉等多种感觉，通过语言、图像、声音、动作等多种手段和符号资源进行交际的现象。[①] 通过研究多种语言表达方式在对话中所起的作用，以及不同语言表达方式之间的相互作用，从而深入理解语篇的意义。在评估多模态话语时，需要考虑所涉及的感官模态类型，包括视觉、听觉、嗅觉、味觉和触觉等。当我们仅利用一种感官输入信息时，被称为单一模态输入。例如，只通过视觉输入浏览小说等。具备两种或两种以上感官输入的语言表达称为多模态或双模态话语。此时需要注意涉及的符号体系的数量。有些话语同时运用了两种或两种以上的符号系统，即使只有一种模态得到了涵盖，这样也可以被称为多模态话语。例如，在漫画中，图像模态被使用，但同时还包含文字，因此也可以被视为多模态话语。

基于认知语言学理论的多模态话语分析认为，隐喻不仅是一种修辞方法，更是一种思维方式。因此，我们不仅可以用语言符号来表达隐喻，还可以利用其他符号模式进行表达。荷兰多模态认知研究专家福塞维尔等学者代表了这一观点。通过各式各样的线条、形状和风格，我们可以将内心的思想和情感表达出来，让我们的信念、疑虑、希望、需求和理想具象化并呈现于人前。福塞维尔根据认知隐喻理论中的概念整合理论和关联理论，提出了图像隐喻和多模态隐喻两种形式。这些形式不会影响原文的意思。在使用单一图像暗示的情况下，原始领域和目标领域都以视觉图像的形式呈现。在多重象征语境中，原始领域和目标领域相应地被表现为不同的符号模式。在多种不同的语言表达方式交互作用的情况下，通过运用多种模态和符号的协调作用，互相补充，在形成概念上产生隐喻。为了证明隐喻是人类基本的认知机制之一，需要通过对语言研究中的概念隐喻及相关结论进行观察，进而通过对其他非语言模态隐喻的研究来进一步证实。这也是多模态隐喻研究的主要目的。

讽刺漫画作为一种艺术形式，巧妙地把语言和图画结合在一起，使两种功能

---

① 姜毓锋．基于多模态话语理论的英语教学模式构建[M]．北京：北京理工大学出版社，2015．

符号互相协作构成一种全新的视觉模态语篇，它本应属于多模态话语的一种。人们在创作和研究讽刺漫画的过程中，经常会利用隐喻手段和转喻手段。对这两种手段进行深刻剖析，有助于我们理解讽刺漫画的深刻内涵和创作目的。

讽刺漫画是一种融合了文字和图像符号的视觉表达形式，是一种多元文本。讽刺漫画是通过图像和语言来共同表达意义的，它们相互作用，构建出一个完整的语境和交流场景。

第三节　多模态对PPT应用和视频语篇的影响

伴随着科学技术的日新月异和社会的不断推进，基于计算机的各种多媒体技术在人们的生活中开始广泛适用。在传统交流中，如影像、颜色、声音以及动作始终处于辅助的地位，而在现代社会交流中人们越发开始使用以上几种元素参与构建语料。实际上，现代科技对人类社会的影响使人们相互之间的交流从以前的单一模态形式的交流逐渐转变为多模态的交流。

纵观国内学者对多模态话语理论的分析和研究，许多研究者开始关注多模态话语理论对多媒体语篇的影响和意义。事实上，三个或三个以上的内容载体即逻辑媒介。因此，多媒体语篇的文本内容是用文字、图像、数字音频流、视频流等呈现方式来传递信息的。国内研究者对PPT、视频语篇等多模态话语进行分析就属于这一类。

一、多模态话语理论对PPT应用的影响

模态通常指人类通过感官（视觉、听觉等）跟外部环境（人、机器物件、动物等）之间的互动方式。[①]PPT作为随着计算机技术发展而衍生出来的一种多媒体技术的展示形式，充分体现了多模态话语的诸多特点。与此同时，多模态话语理论也对PPT的应用产生着深远的影响。

建构主义者认为："认知不是对客观现实简单地、被动地反映，而是认知主体以自己已有的知识和经验主动建构现实。建构的现实就是认知主体的心理语境，意义的生成和人类的思维分布在工具、文化和社团中。人类的工具不但具有

① 姜毓锋．基于多模态话语理论的英语教学模式构建[M]．北京：北京理工大学出版社，2015.

使用价值，标志着生产力的水平；同时还传递文化信息，标志着一个时代的文明水准。”①

PPT 可有效地使用视觉和听觉这两个认知模态以及其他的感知模态，它最大的功能特点在于能够简捷有效地传递图片和文字，甚至是视频信息，通过多种符号的结合与互动为传统课堂教学提供一种全新的教学手段。在现代教学课堂上，结合 PPT 的运用，教师能够采用丰富多彩的图片和灵活多变的文字来展示教学内容，还可以配以生动的动画或者视频信息来吸引学生的课堂注意力，从而刺激学生的听觉和视觉等多种感官，更有效地达到教学目的。

多模态互动与交流已经成为现代社会人类交流方式的主要手段。在人类社会的日常生活中，最基本的交流方式是通过语言来表达思想。社会个体每天都在进行多种多样的多模态互动体验，人们对于知识的获取也开始于各种各样多渠道的体验，这些体验包括视觉体验、听觉体验、触觉体验甚至是嗅觉以及味觉体验。

事实上，每一种模态都是我们可以利用的符号资源，都对意义的构建有着深远的影响。PPT 的创造与发展充分体现了多模态这一特性，多模态的形成和互动能力尤其特殊。在日常生活中，PPT 常见的三种形式分别为生活应用中常常出现的三种形式：视觉模态、视频模态和视听组合模态。其中 PPT 的视觉模态大致可分为文字类、图像类、图片和文字混合类及图标类四种。视频模态则包括了动画视频和电影视频两种形式。视听组合模态可分为无背景声响、手动或自动播放背景音乐两种形式。

（一）PPT 作为多模态介入性语篇

在 PPT 的日常运用中，其多模态并不是简单的符号学概念，它既能产生建构意义，又能在生活中实现应用目的。

语篇指的是在实际应用中的语言单位，是在交流进程中一连串的口语表达或者书面表达所形成的语言单位。语篇包含了语言本身的信息和含义，也囊括了如文化背景、语言运用及认知等方面的知识。在实际生活中，人们语言的交流和知识的获取都是在特定的环境中开展的。因此，唯有参与到实际的语篇交流当中，才有机会理解语篇的含义，从而彻底理解语义。以英语课堂为例，在传统的英语课堂上，英语教师通常只能用语言来阐释目标信息的含义，此方式较乏味单一。

① 姜毓锋．基于多模态话语理论的英语教学模式构建[M]. 北京：北京理工大学出版社，2015.

而且学生在学习课文的过程中，对课文中涉及的知识背景和寓意等理解起来感觉比较困难。然而，如果教师在英语课堂中应用PPT展示丰富的授课信息，则会充分调动学生的学习积极性，使课堂教学手段多元化，能够激发学生的学习兴趣，从而使整个课堂丰富生动起来。

PPT作为多模态介入性语篇的应用，展示了人们多模态话语认知的特征，在人们的实际生活中，除了用语言进行思想交流，每个个体还在进行视觉的、听觉的、触觉的、味觉的和嗅觉的多种变化的体验。

（二）PPT作为介入性信息模式

信息理论认为，语篇是由信息单位组成的，“是已知的可以预测的信息和新的不可预测的信息相互作用的过程，所以信息结构由两个部分组成：新信息和已知信息”[①]。一个完整的语篇总包含一定的已知信息量和未知的新信息量，前者通常提供交际所需的背景，而后者则在已知信息背景中创造出信息差。因此，理解语篇就要克服这种信息差。事实上，语篇内部的信息排列是有规律的，主位推进模式是语言组织的普遍规律，在语言应用中，清楚地展示语篇的信息模式对交际具有重要意义。当信息接收者接触到生僻的信息时，即使看懂了信息模式也不一定明白信息的意义。所以，我们可以借助PPT，充分利用PPT体现的三种模式特点，将语篇的信息结构和内容（配以插图）清晰、形象地显示出来。

（三）PPT作为介入性语境

语境是话语确切含义的语言方面和非语言方面的各种因素的总称。英国人类学家马利诺夫斯基在1923年提出语境大体上可分为两种：情景语境和文化语境。语篇存在于交际的情境之中，其意义必须参照上下文和所使用的环境才能够被理解。环境是话语所表达的外部特征，即交际者的情况和交际的背景等。因为语言自身包含了多义性和模糊性两种特性，在具体交际过程中需要具体的语境来确定其含义。所以，当我们在分析语言现象时，必须把它和它所依赖的语境联合起来分析，一旦离开了特定语境，就很难确定语言片段所表达的真实意义。

PPT在实际应用中可以通过展示图片、声音、视频等方式来向信息接收者表达信息。它能将情景语境和文化语境准确地结合在一起，把具有视觉性的两种语境信息传达给信息接收者。

可以发现，在人类社会发展的进程中，我们对一些工具的使用具有依赖性。

---

① 金铠，田慧芳，唐希．英汉词汇模式对比研究[M]．成都：西南交通大学出版社，2014．

如果人们能够运用的工具具有多样性，那么往往工作会完成得更加出色。PPT 这一工具的出现和发展恰好印证了这一观点。PPT 在实际应用中不仅展示了社会符号的多模态性，也在语篇和语境的再造，以及语篇信息模式的再现等方面起着重要的作用。

二、多模态话语理论对视频语篇的影响

随着数字化多媒体时代的到来，话语世界日益呈现多模态化。前几年，国内对多模态话语理论的分析研究多数基于语言学理论对静态语料和文本进行剖析。但是最近几年，针对多模态话语理论的研究视角也扩大到了其对多媒体视频语篇的影响与作用。

视频语篇包含如文字、图像、声音在内的其他视觉或听觉效果，自然属于典型的多模态话语。张德禄认为，运用多模态的理由是，一种模态不足以充分表达交际者的意义，从而利用另一种模态来强化、补充、调节、协同，达到更加充分或者尽量充分表达意义，让听话者理解话语的目的。①

因此，多模态话语实际上是为了反映说话者的整体意义。在研究视频语篇的过程中，分析其构成意义需要从声音和画面两方面入手，把画面和声音统一在一起，从而揭示视频语篇的多模态意义。

下面以克雷斯和莱文的视觉图像分析语法框架理论为基础并结合影视学中的声音蒙太奇理论，以大家非常熟悉的视频信息——2008 年北京奥运会开幕式的主题曲《我和你》为例，分别对视频中的声音和画面进行构成意义的研究，从而说明多模态话语理论对视频语篇产生的影响。

（一）视觉图像分析语法框架理论下视频画面的构成意义

克雷斯和莱文认为，“正如语言中的语法决定词如何组成句子和语篇一样，视觉语法对描绘的人物、地点和事物如何组成具有不同程度的视觉陈述”②。后来他们把韩礼德的系统功能语法中的纯理论功能思想扩展到视觉模式，创建了视觉图像分析语法框架理论。这种分析方法对于加深认识语言的社会符号特征，以及多模态话语理论的创立和理解都有着深远的意义。

① 张德禄，李玉香．多模态课堂话语的模态配合研究[J]. 英语与英语教学，2012（1）：39—43.

② 姜毓锋．基于多模态话语理论的英语教学模式构建[M]. 北京：北京理工大学出版社，2015.

视觉图像分析语法框架理论下的构成意义研究的是构成图片的多种信息如何互相影响，从而构建图片的意义。因此，研究多模态话语理论对视频画面的构成意义可以从分析图片的信息值、显著性和取景等角度展开。

在《我和你》的视频信息中，歌曲的歌词从视频的左下方出现。从视觉图像分析语法角度分析，这些首先出现的信息为已知信息和真实信息。再看歌词的内容，整篇歌词虽然简单易懂，但其内涵深刻，而且朗朗上口。“One World”“Travel Dream”等词从形式看采用双语形式，与奥运主题相呼应，使整首歌既体现了中国风的特色，又具有国际化的特征。

下面分析视频画面的信息值，视频中首先映入眼帘的是来自世界各地孩子的笑脸，而后在舞台上，人们手举在世界各地征集的笑脸，传递了人类追求和平友爱、崇尚自由发展的信息。以上视频画面都展示了此次北京奥运会将是一场由全人类参与关注的盛会。此视频的已知信息为左上角赫然醒目的 CCTV 电视台标识。

加拿大学者诺德曼认为色彩有两种类型：具有文化特色的色彩和具有特定情感的色彩[①]。在此视频画面中整个场景以夜空为背景，前景主要以红色为整体基调，带有典型的中国特点，也彰显了举办奥运会的喜庆气氛。在场馆的舞台中这些从全世界搜集而来的笑脸占了视频画面的很大版面，突出了这次北京奥运会的参与者是世界人民。画面中儿童的笑脸温和而热情，代表了人类追求和平与团结的主题，也预示着此次北京奥运会的顺利举办。

在此篇的视频取景中，突出了舞台上方的一道光线，它分割了开幕式现场和天空，头上繁星高照，下面灯火通明，这使开幕式现场的气氛更加祥和欢快。通过非分割框架的处理方式，视频观看者能够感受到与视频中人物的距离感，从而产生客观公正的感受。同时，这种方式也不会让视频观看者觉得与视频参与者过于疏远，反而能够让他们更加身临其境地参与到视频中。这样的处理方式既体现了严谨和稳重的态度，也充分考虑到了观看者的感受，是一种理性而官方的表达方式。

（二）声音蒙太奇理论下视频声音的构成意义

苏联艺术家普多夫金认为，以若干镜头构成一个场面，以若干场面构成一个

① 姜毓锋．基于多模态话语理论的英语教学模式构建[M]．北京：北京理工大学出版社，2015．

段落，以若干段落构成一个部分等，就叫蒙太奇。①

有学者认为，声音蒙太奇指对声音的创作、选择和组接，主要通过语言、音乐、音响三条线的起伏错落来表现，三条线连贯、交替、补充，形成节奏。②

中国自身电影人周传基认为，解说是非事件空间的创作者对事件空间所发生的事件的评价和解释。③在这段视频中，语言主要体现在主持人的解说词中，观众在观看视频画面的同时，耳边传来主持人的解说词，通过一种画外音的形式给予观众多元的感官体验，使观众产生身临其境的感觉，更好地表达了北京奥运会追求和平、追逐梦想的永恒主题。

从视频的音乐方面分析，北京奥运会主题曲的演唱是客观音乐，视频的观众能够直接从观赏过程中找到声源。然而观众无法从视频中捕捉主题曲的伴唱以及和声等声源，所以其属于主观音乐。在此篇视频中主观音乐为客观音乐服务，从而达到渲染气氛的目的。此外，视频中也运用了很多音响效果，如在表演进程中夹杂了很多现场观众的喝彩以及呐喊声，这些典型的同期声音效果，更加烘托了现场热烈祥和的气氛，更好地诠释了北京奥运会的主题，也给予了场外观众最大的视听感受，增强了他们的现场感。

视频当中，通过画面和声音等几种交际模态的配合以及相互影响，多元化地构建了此篇视频的意义。在歌曲的演唱中，文字、语言、音乐及音响互相协调、缺一不可，带给观众最大的视听感受体验。在视频播放进程中，映入观众眼帘的先是画面，后辅以音乐和音响这些声音信息，它们互为载体、相互补充。在视频画面带给观众最直观的视觉感受的同时，声音和声响的播放更加补充了画面这一单一模态给观众带来的感受，具体的画面和由声音、音响带来的意境与观众的想象结合在一起，互相协作，共同体现北京奥运会的主题意义。这首《我和你》的具体编排以男声伴着钢琴独奏开始，奠定了整首歌曲祥和宁静的基调，再伴以大中提琴的伴奏舒缓地展开，而后女声起始，加入男声演唱和伴奏。其中也夹杂了主持人的台词以及观众的呐喊、欢呼声等音效，把整个演唱推向高潮。视频中几种模态结合在一起，体现了视频制作者的整体意图，也起到了良好的效果。因此，唯有具体分析视频画面和声音两个方面，并利用多模态话语理论对视频语篇进行

① 刘欣．多模态视角下的大学英语教学模式研究[M]．北京：中国纺织出版社有限公司，2022．

② 姜毓锋．基于多模态话语理论的英语教学模式构建[M]．北京：北京理工大学出版社，2015．

③ 同②．

分析才能够充分理解多媒体视频语篇所表达的思想和意义。

以上利用克雷斯和莱文的视觉图像分析语法框架理论，并以影视学中的声音蒙太奇理论为依据，通过多模态话语理论对2008年北京奥运会开幕式的主题曲《我和你》的构成意义进行研究，充分体现了多模态话语理论对多媒体视频语篇建构的作用。因此，以跨学科的角度及基于多模态话语理论的分析对多媒体视频语篇的解读有着一定的参考价值。

第四章　多模态英语教学模式的构建

本章主要介绍了多模态话语分析理论、多模态话语在英语课堂教学中的作用、多模态话语语境下英语教学模式的构建、认知理论视域下的多模态英语教学模式。

第一节　多模态话语分析理论

一、定义及产生背景

（一）多模态话语分析的定义

自话语分析理论提出以来，研究者就一直将研究的重点放在语言本身。然而，随着多媒体技术的不断进步，人们逐渐将研究重点转移到多模态话语。在多模态话语分析领域，国内学者如胡壮麟、顾曰国、朱永生等分析了其理论基础和研究方法，成为国内研究多模态话语分析领域的领先者。

关于什么是模态和多模态话语，不同的学者持不同的观点。根据资料，主要有两种看法。其一认为多模态是指多种符号，如交际和再现意义经常需要多种符号编码，即多模式，如图像、手势、身体语言等[①]。其二是从感官方面加以定义，如多模态文本就是一段关于某项多模活动的含音频的视频流。而朱永生关于多模态话语的论述"多模态话语如何识别？第一条标准是看涉及的模态种类有多少……第二条标准是看涉及的符号系统有多少……"[②]又把二者联系到一起。由于我们阅读的所有语篇都是多模态的，因此，我们需要区分并理解狭义和广义的模态。狭义上的模态认为模态其实是一种感官；广义上的模态是从语言学

① 高红梅，管艳郡，朱荣萍．高校英语教学创新性研究[M]．长春：吉林人民出版社，2021．
② 同①．

的角度对其进行定义的，认为模态是一种符号；多模态符号不仅包括不同的符号系统，还包括同一符号的不同形式。有关学者提出了一种对多模态语篇进行分类的新方法，即动态多模态语篇和静态多模态语篇。静态多模态语篇被进一步细分为单符号系统多模态语篇和多符号系统多模态语篇。这样一来，我们能够更明确地理解和统一语篇分类标准，在具体的语境分析中使用。换言之，模态即符号形态，多模态语篇是不同符号资源整合的结果。

（二）多模态话语的产生背景

1. 感知模态产生

生命科学的研究成果表明，在演化过程中，生命体会逐渐获得听觉、视觉、味觉、触觉、嗅觉这五种感知通道：①靠耳朵获得的听觉通道；②靠眼睛获得的视觉通道；③靠鼻子获得的嗅觉通道；④靠皮肤获得的触觉通道；⑤靠舌头获得的味觉通道。生命体通过以上这些感知通道来与周围的环境进行交流，实现信息交换。物竞天择，自然界的生物通过自然选择优胜劣汰，只有五种感知通道相互配合，共同发生作用，生命体才会对周围的环境做出适时的反应，实现自身的生存和繁衍。生物学家认为，上述五种感知渠道的获得分别导致以下五种交际模态的产生：听觉模态、视觉模态、嗅觉模态、触觉模态和味觉模态。

在以上提到的五种模态中，视觉与听觉两种模态与话语分析联系最为密切。随着科学技术的不断进步，使得人们的话语交际不再局限于视觉和听觉，也逐渐引入了触觉、嗅觉和味觉模态。以触觉模态来说，随着数据手套的面世，人们可通过传递手指弯曲角度做出各种三维手势，与语言相结合，实现更自然的人机对话，逐步接近于人际交流的形式。

2. 媒介、模式和模态的基础

在多模态话语分析中，模式、媒介、模态三个词语总是经常出现。由于彼此之间在意义上有联系，界限模糊，容易造成混乱、误解，所以有必要说明它们各自的含义。一般来说，媒介指语言交际所使用的技术，从严格的语言学和符号学意义上来讲不能算是一个术语。模式指的是与系统功能语言学家说的话语范围和话语基调并列的语境三要素之一的话语模式，意指交流渠道。例如，书面模式、口头模式、电子模式等。这些模式的使用和变化在一定程度上影响了信息的流动，最终影响其语篇性（语篇应该具备的特征）。模态与情态一样，英语都叫“modality”，但两者所指并不相同。情态指的是语言系统中说话者对事物的可能性进行判断和对事物的必要性表明态度的语义系统；模态指的是交流的渠道和媒介，包括技术、图像、语言、音乐、颜色等符号系统。

我们认为，多模态话语是人类在交流过程中综合使用各种感知通道所表现出来的一种特性。因此，多模态话语分析的研究领域不应该受限于语言学，它应该具备跨学科研究的特性。事实上，多模态分析已经在过去十年中取得了长足的发展，它已经不再局限于语言学，而是覆盖了符号学、人类学、哲学、社会学、新闻学、政治学、法学、心理学、医学和美学等多个领域，并且研究对象也从语言文字扩展到了音乐、影像、图片、建筑风格和网页设计等多种社会符号系统。辨别多模态语言有两个评判的准则。第一个是考虑涉及的模态种类，这是当前语言学领域广泛接受的标准。当只使用一种感官模态来处理信息时，我们称之为单模态话语。例如，通过视觉模态来阅读小说或通过听觉模态来收听新闻广播。将至少两种不同的模态结合使用称为多模态话语，也可以称为双模态话语。例如，当进行视频通话时，双方需要仔细观察对方的面部表情和手势，同时聆听对方所说的内容。在平时的生活中，我们使用手机与他人交流时，需要进行口述信息、倾听对方的声音、书写信息及发送信息的操作。当我们使用电脑上网时，通常需要用视觉感受屏幕上的文字和图像，同时通过听觉接收文字的录音和图像所发出的声音，有时候我们甚至可以利用更高的技术来嗅闻特定的气味。第二个是考察涉及的符号系统的多样性程度。有些话语虽然只使用了一种模态，但涉及两个或以上的符号系统。尽管广播小说仅限于听和说的模态，却通过背景音乐丰富了其内容。虽然连环画只是一种视觉呈现形式，但它同时包含图像和文字两个元素。我们也视这些话语为多模态话语。

二、理论基础与理论框架

（一）系统功能语言学与多模态话语分析

系统功能语言学在研究多模态话语理论模式时显得尤为合适，其原因主要有以下三个方面。首先，系统功能语言学不仅关注语言内部的运作机制，还关注语言外部的环境和动因，以及与语言现实意义紧密相关的内容。这个框架实际上包含了话语的多模态性。其次，系统功能语言学注重话语的意义和功用，而并非符号系统的具体实现。这样做能够帮助我们更加全面地研究语言符号系统，因为它涵盖了实现话语意义所需的各种符号系统。这样就为研究多模态话语打开了便利之门。最后，意义的实现采取了多模态形式，语言只是其中最为高效的一种。尽管如此，不同模态话语产生的效果会因不同的语境而有所不同，这是不同模态媒体之间相互作用的结果。运用系统功能语言学理论，可以将不同模态之间的相互作用纳入同一框架。

最近几年，学者开始广泛研究多模态话语分析。克雷斯和莱文在《图像阅读》一书中比照韩礼德的系统功能语法中的三大纯理功能（概念功能、人际功能和语篇功能），针对图像的意义表达方式，从构图、图片架构、色调等多个角度进行研究，从而提出了第一个系统的视觉语法分析框架。在中国举办的“第七届全国语言与符号学研讨会”上，与社会符号学有关的多模态、多模态识读能力的描写和现实意义等多模态研究议题引起了广泛关注。多模态话语分析受到了系统功能语言学和符号学的影响，因此，这方面的研究被称为“系统功能符号学”。

人类是一种善于使用符号的高级生物，人们利用符号来整理思维、交流想法和情感。这种符号传递信息的方式可以是口头语言、书面文字、图像、手势等。所有的事物代表的不仅是它们本身，还具有潜在的象征意义，代表着与之不同的其他事物。符号学的一个分支是语言学。因此，无论是语言还是其他事物，都是一种社会符号，它们的意义在于代表了与自身不同的其他含义。根据韩礼德的系统功能语法理论，语言实现了三大纯理功能，并构成了行为潜势和意义潜势。这可以准确地描述人们说话和采取行动的能力，并且适用于其他符号系统。

在多模态分析中，模态指的是在传递信息时所使用的方法与媒介，如技术、图像、语言、音乐等符号系统都包括其中。多模态则是指交流媒介（不局限于文本，还有图像等其他模态的复合话语）。

系统功能语法是由韩礼德创立的一种语法。该语法将语言功能分为逻辑功能、人际功能、经验功能和语篇功能四个基本纯理功能，分别对应于思维逻辑、人际交流、表述经验与实际事实、构建语篇连贯性四个方面。语言有一个极其鲜明的特征，那就是具有系统性。通过横向组合和纵向聚合，词汇和语法构成了一个“能说”的系统，从而实现“能指”的系统。语言是一个实现“行为潜势”的系统，它能构成符号意义的高层次，使人们能够运用语言来实现各种行为。除了语言之外，韩礼德还指出了人类使用的其他交流方式，强调了语言作为社会符号的特定作用。

克雷斯和莱文在《图像阅读》一书中有这样的论述，韩礼德提出的三大纯理功能并非仅适用于语言。他们表示，图像不仅仅是社会符号学的表现形式，还是人们作出选择的结果。图片的内容和表达的意义，取决于人们的选择和决定。同时，这些选择也反映了图片的潜在意义和在不同社会环境下的作用。语言和图片虽然表达方式不同，但它们都是传达信息的媒介。图像利用符号来体现经验功能，这些符号反映出符号制造者、接收者和表示的事物之间的具体社会关系。语篇功能则是在各种元素内外联合的整体中表现出来的。图像并非简单地呈现现实，而是与创造、传播、阅读它们的社会机构的利益密切相关，从而创造出不同的意义和价值。

意识形态会在图片中呈现出来。我们在对图片进行三大功能的探讨时，也会受到意识形态的影响。

（二）行为理论和多模态话语的分析

除了用系统功能语言学分析多模态话语，还有学者尝试用其他理论来分析多模态话语。其中代表性的是施康隆的介入性语篇理论和顾曰国的实时语篇分析。他们的研究都以行为理论为基础，同时为多模态语篇的分析提供了不同的理论分析框架。

介入性语篇理论是施康隆结合跨文化交际、交际社会语言学和社会文化心理学等多个学科，提出的一种话语分析理论。该理论旨在将人们的言论与行动融合在一起进行研究，以补充话语分析理论未能考虑行动研究，以及社会学理论未能涉及话语研究的不足之处。介入性语篇理论所采用的方法将介入性行为作为基本的分析单位，不同于传统的话语分析将话语或篇章作为分析的单位，但是这两种方法都是在分析语言表达中的意义和用法。施康隆将涉及人类社会交往的行为称为介入性行为，其中介入性手段指任何用于介入社会行为的符号对象。从动态语篇的角度，有学者结合施康隆的理论，建立了一个多模态分析框架，以介入性行为为研究对象，将介入性行为分为低水平行为和高水平行为，并使用模态密度来描述高水平行为中模态的强度和复杂性。

顾曰国是一位受行为理论影响从而建立了多模态话语分析框架的研究者。他认为可以从内容层和媒介层两方面来分析多模态语篇。他以航空乘务员为例，解释“服务的具体动作”是指在乘务员为乘客提供服务时的行为，而“媒介层”则是指该行为在持续时间上的表现，以及在时间轴上的体现。这样，这两种元素结合在一起就构成了多模态文本。此外，他将多模态语篇划分为社会心理学层面和个人行为层面，在社会心理学的层级中，从高到低依次包括活动类型、社会情境和任务插曲；个人行为层面则包括行为、谈话。顾曰国采用了自己设计的多模态分析框架，并融合角色建模语言，提出了结构化数据建模的理念来应对多媒体、多模态学习，并在此基础上创建了背景现场的话语多模态语料库。

受行为理论影响的多模态话语分析理论和受系统功能语言学指导的多模态话语分析理论之间几乎没有联系。实际上，这两个阵营的研究目标并不冲突，只是因为各自不同的构建角度，导致他们的理论基础不同。笔者采用的是综合视角，结合了多模态并重视它们的共性部分。这主要有以下几个方面的原因。首先，采用多模态的研究视角，不仅着眼于研究英语口语转化为文本的传统做法，同时也考虑了从不同模态的角度来研究文本，以及学习者在英语口语交际中的非言语行为等方面的内容。在这个方面，本章既利用了系统功能语言学中话语的多功能性理论，也运用了行为理论中研究话语之外内容的原理。其次，研究口语交际能力时需要将多模态视角的观点与系统功能语言学框架的形式和媒体层面的内容相结合，同时，运用角色建模的研究方法，挖掘一些尚未被发现的特征，以便得出新的研究视角。最后，在系统功能语言学的指导下，多模态研究通常通过多样化的媒介交织而产生信息，从而激发人们多方面的感官感受。而在行为理论的框架下，多模态研究则主要通过“内容层”和“媒介层”共同塑造多模态文本，以此直接反映人类的行为方式。在这方面的研究不仅要探究多模态文本之间交互作用产生的影响，还需要分析多感官特征对学习者行为的反映。总的来说，如果研究的对象和目的是多模态话语分析，而理论基础是系统功能语言学，指导思想来自行为理论，那么可以采用一个综合体框架作为我们的理论指导。

（三）多模态话语分析下理论指导框架

罗兰·巴特是多模态语篇系统分析领域的早期研究人员，他从符号学的角度入手开展研究活动，因此，多模态语篇分析最初以符号学为主要基础。多模态话语分析不仅摒弃了传统单一语言信息的研究方式，还涉及更广泛的研究领域，如心理学、社会学和认知学等，从而推动了相关研究的发展。目前主要的多模态话语分析流派，包括交互社会学、认知学和社会符号学派系。在语言学领域中，那些在多模态话语分析领域中积极活跃的专家通常被称为系统功能语言学家，他们在研究过程中使用的方法的基础为社会符号学，而其理论基础则是功能语法。这些学者相信非语言的模态，如图片和声音同样具有功能作用，能够在意义构建方面起到与语言同等的作用。因此，他们将传统的分析语言理论推广到非语言模态的分析领域，克雷斯和莱文提出的“视觉语法分析框架”是最具标志性的例子。

国内学者已对多模态话语分析的理论框架及方法有了系统的认识，然而目前主要注重的是介绍和借鉴国外的相关研究，对于如何在理论方面得到进一步的完善和发展还需要进一步探讨。

系统功能语言学为多模态话语分析提供了可行的理论架构。从语境和话语意义的角度来看，单模态的语言交际与多模态话语交际并无本质区别。利姆提出了一种框架，用于探究图画和语言形成的多模态话语之间的关系。在框架中，语言和图画作为交际模式，涉及语言领域、意识形态、话语含义及体裁四个方面。在内容方面，图画运用视觉语法，语言则使用语言语法；在表达方面，图形通过图形符号来表现，而语言则主要是通过印刷符号来表现。

多模态话语的最佳理论模式是系统功能语言学理论，因为它不需要为适应新的目的而改造理论框架本身，虽然多模态话语分析似乎扩大了它的研究范围，但系统功能语言学的理论本身不需要做任何改动，就可以直接作为多模态话语分析的理论框架。这个框架主要由五个层面的系统组合而成。文化层面，包括作为文化的主要存在形式的意识形态与作为话语模式的选择潜势的体裁或体裁结构潜势。语境层面，包括由话语基调、话语范围和话语方式组成的语境构型。意义层面，包括由几个部分组成的话语意义及谋篇意义、人际意义和概念意义。形式层面，即实现意义的不同形式系统，包括语言的词汇语法系统、视觉性的表意形体和视觉语法系统、听觉性的表意形体和听觉语法系统、触觉性的表意形体和触觉语法系统等及各个模态的语法之间的关系。它们分为互补性和非互补性两类。互补性包括强化和非强化两类；非互补包括内包、情境交互或交叠和增减。媒体层面，即话语最终在物质世界表现的物质形式，包括语言的和非语言的两大类。语言的包括纯语言的和伴语言的，非语言的包括身体性的和非身体性的。身体性的包括手势、身势、面部表情和动作等；非身体性的包括工具性的，如实验室、网络平台、实物（投影）、同声传译室、音响等。系统功能语言学理论是多模态话语的最佳理论模式，因为它无需对理论框架本身进行修改就能够适应新的目的，即便涉及多模态话语分析，系统功能语言学的理论框架也不需要做出改变，即仍然适用。在语言使用中，语境可以被看作由话语的基调、范围和方式构成的一种语境构型。这个构型在不改变文本意思的情况下可以用另外的说法表达。在语言使用中，我们可以分别考虑话语的构成意义、整体的意义构思、涉及人际交往的意义及涉及概念与范畴的意义等多个层面。从形式上讲，不同的系统可以采用不同的方式来表达相同的意义，如语言可以使用不同的词汇和语法系统来传递信息，视觉信息可以使用不同的形体和语法系统来传达意思，听觉信息和触觉信息也可以采用类似的方式。此外，不同模态的语法之间也相互联系和影响。

第二节 多模态话语在英语课堂教学中的作用

一、多模态话语理论在大学英语教学中的运用

（一）利用多模态话语构建大学英语课堂

根据多模态话语理论的要求，大学英语课堂构建可以通过利用音频、图片、文本、视频等各种教学资源来实现，充分展现教学资源的多元化特点。相关研究表明：学习者在学习过程中通过各种感觉器官接收信息，经过大脑处理，再经语言进行输出。学习的过程是各种感觉器官相互配合、通力协作的过程。因此，在教学中，教师要根据多模态话语的互动教学理论，利用各种教学设备激活学生的思维，引导学生从多个角度理解和分析英语知识。例如，在讲授英国历史时，教师可以先让学生观赏一段电影《亚瑟王》的片段，激发学生的学习兴趣，然后通过幻灯片的形式，将不同历史时期的著名历史事件及人物按照时间顺序展示出来，每介绍一个时期，再配以反映相应时代特征的文学著作，如在介绍维多利亚时期的历史时，可以向学生展示诗人罗伯特·勃朗宁的作品。教师将文字、图像、声音等信息融于一体，激发学生的发散思维，能够使学生在轻松的氛围中掌握知识。

（二）基于视觉符号的视听教学

多模态话语理论是利用两种以上感官教学的理论，利用视觉符号的视听教学是大学英语教学的一种多模态话语教学模式。视觉图像可以将画面生动地再现，增强知识信息的视觉效果。具体的视听教学方式可以从语料选取、课堂实施和能力评价三个方面着手。

语料选取：视听教材种类很多，选择不当不仅不会提高学生的学习效率，反而会分散学生的注意力。视听材料的选取要以实用性和真实性为原则，如学术报告、话题访谈等，应尽量避免冗长的材料。

课程实施：互动形式为“教师—试听语料—学生”，教师首先要激发学生对听力的兴趣，然后展示视觉符号。在课堂实施中，教师要充分利用会话形式，交互呈现视觉、听觉、文本等模态，利用文字、图片、视频等方式传递信息。

能力评价：除了检验学生有关音频输入的能力，教师还应对学生重新听材料

中的背景知识、表情动作、语音语调等因素的能力进行关注，这也是多模态试听能力的培养目标之一。

（三）基于多模态观点的阅读教学

学者胡壮麟认为，个体的识读能力可以分为文化识读能力和技术识读能力两种。①文化识读能力是指对文字的理解及对文化内涵的把握能力，技术识读是指对各种多模态信息识别、理解的能力。阅读教学中，教师除了对学生进行文字模态的教学内容外，还应强化学生识别非文字模态的能力，如文章中的黑体字、斜体字、主标题、副标题以及特殊标点符号等。例如，“Then I developed Chronic Fatigue Syndrome and became virtually bed bound.”这句话中，大多数学生不明白单词“Chronic Fatigue Syndrome”的含义；在英语中，特定的人、地、物的专有名词是用首字母大写的形式表达的，对文章内容的理解影响不大。因此，教师应训练学生对于首字母大写单词的敏感性，在阅读中对这类信息采取标注单词首字母、快速掠过的方式，从而有助于节省阅读时间。此外，对于一些不容易用语言表达清楚的内容，还可以通过图表、简笔画的形式进行表达。

二、教师多模态元话语对教学效果的影响

元话语是发话人引导听话人积极对话语内容做出反应的方式，其以听话人为中心。课堂中教师积极使用多模态元话语组织课堂教学，通过多模态元话语的使用与学生共同营造和谐的课堂氛围。和谐的课堂氛围有利于学生进行脑力劳动，进而提高课堂教学效果。

多模态语境下影像、图片演示性教学是指在教学设计过程中把包含两种及两种以上符号的系统资源制作成PPT课件供课堂教学使用的教学模式。PPT演示属于多模态话语范畴，是通过多种符号资源内部的互动来实现意义的复合话语。随着计算机和网络技术的日益普及，多模态PPT作为最富有现代化特色的教学手段，越来越受到教师和学生的青睐。作为语言习得发生的基础和前提，语言输入已被各种技术手段在听觉、视觉、感觉等各种模态中进行了强化。在学生学习过程中起主导作用的是听觉模态和视觉模态。听觉是主模态，主导交际的进程；而视觉模态则对听觉模态起强化和补充作用。从记忆理论来讲，大脑皮层接收触

① 姜毓锋．基于多模态话语理论的英语教学模式构建[M]．北京：北京理工大学出版社，2015．

觉、嗅觉、动觉等各类细胞都具有“记忆作用”。如果在记忆某种材料时，能同时调动多种非分析器执行记忆任务，就会极大增强记忆效果。这是因为用这种方式记忆材料时，可以把眼、耳、口、手等多种感觉通道利用起来，接收来自不同感觉器官的信息，在大脑皮层留下很多“同一意义”的痕迹，在大脑皮层的视觉区、听觉区、动觉区等建立起多通道的暂时神经联系，然后，经过大脑把各种感觉到的材料进行加工，使它们在大脑皮层留下深刻的痕迹。无疑，用这种方法记忆，比单纯地用耳听、用眼看、用嘴读或用手写的记忆效果要好很多，它将大大地延长人们的记忆时间。因此，现代多媒体技术利用录像、图像、声音构建了学生学习的实际环境，使学生易于理解和记忆；经常使用可以达到补充强化教学内容、吸引学生注意力、激发学习兴趣、抒发情感、易于理解的教学效果。

三、多模态话语理论在大学英语教学中的作用

（一）激发学生的参与积极性

多模态话语理论认为，非语言因素在信息传递和意义构建中扮演了极其重要的角色。这些非语言因素主要包括伴语言特征（语调、声调、音响度等）、身体特征（面部表情、手部姿势、身体动作等）及非身体特征（设备、环境和网络等）。使用多模态教学方式，教师通过图像、音频等媒介来展现语言知识，从不同角度进行讲解。在词汇课上，教师可以使用包含目标单词的英文歌曲和电影片段来吸引学生的注意，并加深他们对单词的印象。多模态的教学环境中，文字、音频和视觉等元素协同作用，有助于激发学生对英语的学习热情和积极性。

（二）提升学生学习兴趣

使用多模态理论开展教学活动时，在教师、视听语料和学生之间实现互动，通过视觉和听觉来激活学生感官，可以使课程重点更形象生动并得以强化，使教学内容更加丰富，有助于学生更深入地理解知识。教师运用生动而激励人心的措辞和肢体语言，同时配以背景音乐营造适合学生学习的氛围，从而让英语学习充满乐趣和活力，有效地激发学生的兴趣，提高教学质量并增强学生英语知识的学习效果。

（三）提高英语教学效率

在运用多模态话语理论进行教学时，可以唤醒学生的多重感官，从而促进他

们更全面地参与英语学习活动。通过刺激多个感官来提高学习效果，不仅可以加深学生对英语知识的理解和记忆，而且还能够有效地激活学生大脑皮层神经。利用多媒体设备，如幻灯片或投影仪，在课堂上创造互动的学习环境，包括语音、动作和图像等多种资源，能激发学生学习英语的热情，提高他们的主动学习能力，从而提高英语教学的效果。

（四）强化学习记忆

采用多模态教学模式，可在英语课堂上强化学生的学习记忆，提高其信息记忆的持久性。根据实践研究所得，记忆与信息获取模态有着紧密的关联。在英语教学课堂上，多模态教学模式强调利用多个感官同时进行学习，这种策略可以帮助学生保持更长久的记忆，深化对于单词、语法等知识点的理解，增强学习成果，进而提高课堂教学效果。

（五）促进知识内化

在教学中运用多模态教学模式，如视觉、听觉等多种方式，可以生动地展现课文内容，创造真实的语境，提高教学效果。在课堂上，学生有机会亲身感受各种不同形式的规范英语，这有助于使英语更贴近他们的生活。另外，沉浸在语言环境中也能协助学生摆脱母语对英语学习的限制，从而增强大脑对英语的整体反应能力，这有助于学生更好地理解和吸收英语知识，并将其内化。

（六）提高语言运用能力

在英语课堂中采用多模态教学方式，结合视觉、听觉等元素，再加上语言和文化的相互融合，可以让学生在生动有趣的故事表述中不知不觉地掌握英语知识，并且自然而然地将其应用到自己的语言学习中。多模态教学方式在高校英语课堂中的应用，可以有效地促进学生的听、说、写和表达等多方面的英语能力的提高，从而提高学生的英语理论知识应用水平。例如，在英语视听课中使用视频和语音进行教学，学生可以通过与教学视频的互动获得实际的感受和体验，使用视听学习路径获取语言信息，然后进行口语表达。利用计算机设计功能将图片、表格及符号等多种形式配合使用，学生可以很好地展示自己的思想和观点。学生通过参与这种互动的视听说过程，能够提升自身英语综合运用能力。这种体验式的学习方式契合素质教育的理念，让学生在毫无察觉的情况下汲取知识，提升英语综合运用能力，进而提升课堂教学质量。

第三节　多模态话语语境下英语教学模式的构建

一、多模态话语语境下微课教学模式

（一）微课的定义

微课，即微课程，这种教学方式是由美国教师于2008年秋提出的。此种方式在我国被称为“微课”，是指按照新课程标准及教学实践要求，以教学视频为主要载体，反映教师在课堂教学过程中针对某个知识点或教学环节而开展教与学活动的各种教学资源的有机组合。具体而言，它是以教学视频为主要呈现方式，对教程进行细化、拆分，将知识点、练习题、疑难问题、实验操作方法等与教学有关的资源单独作为一个重点教育单元，利用多媒体制作成3分钟～5分钟（最多不超过10分钟）的短小视频，然后利用直观的教学方式将其讲深、讲透的一种教学方式。

（二）微课的特点

微课，顾名思义，即微小的课程，该课程形式短小、内容精练，主题突出，追求实效。微课有4个主要特点：主题突出，指向明确；资源多样，情境真实；短小精悍，使用方便；半结构化，易于扩充。微课与传统教学方法相比，具有以下几个方面的优点。

第一，教学时间短少。每节视频只有3分钟～5分钟，最长不超过10分钟，符合学生的生理、心理特点和认知规律，相比传统的40或45分钟教学，更有助于集中学生的注意力。

第二，教学内容精悍。微课将传统课堂上笼统、宽泛的授课内容进行拆分，并针对课程中的重点、难点、易混点等某方面内容单独讲解，短小精悍，有利于学生逐项把握。

第三，教学形式新颖。传统课堂采用单纯讲授的形式，学生容易厌倦。微课的设计与视频、动画、网络媒体相结合，采取形式新颖的教学方式，有利于增强学生的英语学习兴趣。

第四，教学资源广泛。不仅课程讲解中的重点、难点、疑点问题可以单独做成微课，实验的操作方法、说理的辅助证据等均可以做成微课的形式，教学资源相当广泛。

第五，教学使用便捷。以往的教学，教师上课时要携带教科书、讲义等教学用具，如果利用微课进行教学，只需简单操作便可完成，甚至可以事先录制完成教学讲解视频而不必在课堂讲解。

第六，资源容量较小。微课视频及配套辅助资源的大小最多在几十兆，完全可以将其下载保存到终端设备（电脑、手机、平板电脑等）上实现移动学习。

第七，制作简便易行。微课制作方法尤为简单，只需常用的电脑软件即可完成。最常见的是制作 PPT，并加注录音讲解即可，还可以制作视频动画等，简便易行。

第八，实现反复学习。传统的教学方式，学生无法对所有知识点全面掌握，往往出现“囫囵吞枣”的现象，但微课是可以下载的课程，便于学生反复学习，深入理解。

（三）微课的应用前景

微课在教学领域的出现，已经深得广大教师的喜爱，受到学生的好评，随着时代的发展，科技的进步，各类软件的推陈出新，教育水平的不断提高，以及学生求知欲望的不断增强，微课作为一种新颖的教育模式，必定会迅速而强势地发展。原因在于，第一，微课设计与应用必将受到教育行政部门和各类院校的关注，这种关注将成为一种导向，激发这种教育模式的深入发展，促使教师学习、掌握制作微课的方法，将微课教学模式广泛应用于教学之中；第二，网络应用平台、软件开发商也会发现微课模式的广泛运用会提高自身收益，必会加大平台的搭建和软件的开发运用方面的投资，这将为广大教师制作微课提供有力的资源保障；第三，教师将更加喜爱此种教育模式，原因在于微课制作方法简单易行，可选用的资源丰富，自然现象、教育故事、授课经验、经典书目等，不论是何种进行素材，均可用微课形式呈现，此外，其时间短的特点也使教师在备课过程中精力更加集中；第四，学生求知品位的提高、审美观的增强，也必将促使教师更加积极地寻求更好的教育模式，微课所展现出的新颖性、时尚性、丰富多彩性等特点，使广大教师会期待其广泛运用于教学中的教学效果。

微课作为一种教育新模式，尽管前景很好，但在其发展过程中，我们也应注意把握以下几点。

第一，应以教育内容为核心，用更好的形式来展现。微课，尽管微小，但将教育内容作为核心，主题必须突出，而不能为了顾及学生喜好，过多地注重形式的体现，不然，将会本末倒置，使此种教育模式失去教育意义。

第二，要注重统筹规划，整体推进。微课教育模式的普遍发展，离不开教育部门和院校的统筹规划。当前的微课制作，仅停留在教师单独完成上，制作方法简单、内容泛泛。因此，需要进一步统一模式、统一培训、统一比赛，在统一的大背景下追求教育方式和教育风格的特色。

第三，要建立健全微课管理系统。微课要实行统一管理，教师制作完成后应上传到系统中，经审查后方可在课堂中运用，同时，要给系统增设浏览、阅批、下载标注、共享、链接等功能，既方便管理者对微课实施管理，又方便教师对学生学习情况进行了解，还方便学生及时下载学习。

第四，院校应加强对微课运用的引导。微课毕竟是教育方法之一，尽管深得学生喜爱，但运用微课形式授课的统合实效性还有待于进一步研讨。例如，学生已经通过微课的形式理解了零星的知识点，但对于课程的综合掌握是否全面，这就要求院校在推广微课教学时加以引导，不要因为过于追求新的教学模式，而忽视教育整体水平下滑的后果。

总之，对于微课这种新颖的教育模式，院校只有严格地推广运用，合理地加以引导、把关和控制，才能发挥出其最佳的效用。

（四）大学英语微课模式探究

多模态话语语境的理论可以为其微课发展提供理论依据。大学英语微课内容源于语言技能和学习内容的框架，是就某个典型技能和内容开展学习活动的微型学习模式。在此，笔者将介绍适合大学英语课程的微课学习内容以及针对不同类型微课的教学设计和学习活动设计。大学英语课程的授课对象是非英语专业的本科生，该课程是大学素养课程中的必修课程。目前，绝大多数学校对刚入学的新生会进行入学考试，按照成绩打乱原有班级，重新编班；这样带来的问题是学生来自不同专业，却在同一时间共同学习英语课程，教师在统一授课的过程中，只能尽量照顾到大多数学生的学习情况，无法针对每一个个体进行单独辅导。因此，需要课程组老师共同备课，根据个人的优势，制作多模态微课，让各个专业的学生根据自己的需求，在课下进行自主学习，弥补课上教学遗漏的地方，真正做到教学为学生服务，以学生的需求为组织一切教学活动的出发点。例如，教师要求学生写课文摘要，这在教师看来比较容易的事情，学生在课下做起来却十分艰难，尽管教师已经在课上讲解了写课文摘要的过程与步骤。因此，除了课上讲解，还需要教师进行课后跟进，如教师可以在微课中手把手地教学生写课文摘要。微课内容中图、文、音等多模态共存，这是学生喜闻乐见的学习模式，在玩中学习，大大提高了学生的学习兴趣，是积极有效的第二课堂。教师会根据本学期学生的英语学习水平，将课文摘要的具体要求及写作步骤在微课中详细讲解。例如，摘要的定义、摘要作为一种写作题材的特点、摘要的写作目的、写作摘要的注意事项等。往届的毕业生中，有的毕业后会选择出国继续深造，他们带来的反馈与学习经历有关的是，在国外的课程教学中，不管什么科目，老师都会布置大量的课外阅读，学生或是自己独立完成，或是以小组的方式完成。老师会让学生做各种摘要，上课进行讨论，尤其是小组阅读，每个人负责不同章节，大家汇总各章节的摘要，这就需要小组成员的摘要要有一个相对稳定且固定的语言表达模式、篇章结构。留学生抱怨在国内学习过程中，中国老师不注重摘要写作，却让他们练习了大量四六级作文模式。这不仅是留学生的困苦，对毕业就业的学生来讲也有同样的困惑。在学习和工作中，总结能力非常重要，英语课文结构清晰，非常适合摘要写作。如果教师能够课上有效讲解，课后利用微课进行辅导，相信目前中国学生十分缺乏并有待提高的摘要写作能力会得到提高，从而对他们日后的工作、学习产生长远的影响与帮助。

大学英语学习的基本技能有“听”“说”“读”“写”“译”五项。在这五项技能中“听”和“读”是“输入”语言知识信息过程；而“说”“写”“译”这三项语言技能是语言知识信息中的“输出”过程。笔者就微课的教学内容、活动过程根据不同的学习内容和不同的技能类别给出了二维度的列表，并对各项技能进行了简明的介绍，希望能对多模态微课的设计与实施提供一定程度的参考（表4-3-1）。

表 4-3-1　二维度列表

<table>
<tr><th>内容</th><th>活动</th><th colspan="2">简介</th></tr>
<tr><td>学习内容</td><td>技能类别</td><td colspan="2">微课为学习者预设了 8 类活动，不同的学习设备将满足不同类型的学习需求，具体实践过程根据实际情况进行设计。</td></tr>
<tr><td rowspan="3">输入</td><td>听</td><td>多模态视听</td><td>学生通过微课学习终端进行听力练习，通过可理解的学习素材巩固词汇基础，表达想法，为输出奠定基础。</td></tr>
<tr><td rowspan="2">说</td><td>经典赏析</td><td>通过经典文献的阅读，开阔视野。阅读难度的设置可以略高于学生的当前水平。</td></tr>
<tr><td>时事热点</td><td>时事热点方面内容的阅读能够大大提高学生阅读的兴趣，促进学生有效地输入，为输出做好准备。</td></tr>
</table>

续表

内容	活动	简介	
加工	录	听说	对难度较大的听说材料可以用辅助工具进行录音、录影，使学习者能够反复加工有一定难度的经典阅读内容。
	看	经典	处理加工有一定难度的经典阅读内容。
	练	测试	通过对知识点的反复练习，保障学习效果，为正确、顺利地输出做准备。
	查	辅助	在微课的学习过程中，利用学习终端的查询功能消除知识盲区。
	记	随笔	在微课的学习过程中，对学习有启发的或需要更深层次学习的部分内容，要随时做好标记。
输出	说	共同学习者	语言学习不是孤立的，是需要学习者通过互动、合作来完成的，微课设计要充分考虑到“说”的互动环节。
		多模态交际	除了现实环境下的交流，语言学习者也可以选择通过各种虚拟条件进行交际。
	写	网络平台	除了传统的输出方式，多模态话语语境为“写”提供了更广阔的平台，如博客。

当前，以移动设备为载体的微课受到越来越多业界人士的认可。技术的成熟与普及是目前微课设计新颖与否的重要影响因素。微课使用者通过自己的移动终端，按照需求选择适合自己的微课。为了更好地推广微课技术，为教师提供更多的相互学习的机会，全国上下，从小学到初中再到高中、大学各级院校和教育组织机构都需要组织各种微课比赛。比赛能够促进微课的发展，为教师相互学习提供平台。值得注意的是，现在一些民办教育机构已经在网络上开发了有系统的微课，学习者可以通过付费的方式参加课程学习。然而，这是面向部分群众的微课。教育资源共享是我国的教育方针，使相对落后的地区的学生也能够享有优质的教育资源，是教育平等的集中体现。

二、多模态话语语境“3-Class”教学模式

《中国教育现代化 2035》提出，推进教育现代化的总体目标是到 2020 年，全面实现“十三五”发展目标，教育总体实力和国际影响力显著增强，劳动年龄

人口平均受教育年限明显增加，教育现代化取得重要进展，为全面建成小康社会作出重要贡献。在此基础上，再经过 15 年努力，到 2035 年，总体实现教育现代化，迈入教育强国行列，推动我国成为学习大国、人力资源强国和人才强国，为到 21 世纪中叶建成富强民主文明和谐美丽的社会主义现代化强国奠定坚实基础。这给英语教育教学改革提出了更高要求。因此，新的教学模式要基于《中国教育现代化 2035》的要求，研究探讨大学英语课程（非英语专业本科英语课程）在新的历史时期下的改革与创新，努力实现大学英语教育教学改革的新突破。如何通过有效的途径提高教学质量已经成了科研的热点、难点和焦点。

无论是学时安排或是学分总量，大学英语课程都是本科教学的重要基础组成部分，提高大学英语的教学质量能够直接有效地提高高等教育质量。随着国家及各地政府对教育资源投入的增加，多媒体辅助教学模式在现在大学英语课程教学中得到了广泛应用，使大学英语教学进入了一个新的历史阶段。这种教学模式的特点是图文并茂，为学生提供了更多语言实践的机会，为加深学生对语言本身、语言文化的了解起到了积极的推动作用。

根据目前我国的教育体制和教育计划安排，普通高等院校大学英语为必修课，学生完成基础课程的学习并修满学分即视为通过。但从学生完成学业的效果看，部分学生尽管能够修满学分，但是对英语知识的掌握和英语的应用能力却未能达到培养目标要求。为了弥补此项漏洞，使学生学有所得、学有所用，大学英语 3-Class 教学模式应运而生。

3-Class 是“Before-class（课前）、In-class（课中）、After-class（课后）”的缩写，是一种将课前、课中、课后在时间上有效衔接、在内容上有机结合的全新立体式教学模式。Before-class 阶段，教师应做好精心准备，将与课程相关的内容，尤其是重点、难点知识，作为预习任务提前下达给学生；学生应认真预习，按教师要求高标准、高质量地完成预习任务，为顺利进入下一阶段学习奠定基础。In-class 阶段，即教师授课阶段，教师将单元知识讲给已经做好课前预习的学生，让学生更加充分地理解和掌握知识；该阶段为 3-Class 教学模式的核心环节，要求教师充分备课、熟练精讲、精神饱满、务求实效。After-class 阶段，教师应根据本单元所学知识为学生提供课后拓展补习资料，对课后学习情况进行跟踪、指导、评价。在落实 3-Class 教学模式时，教师务必做到周密设计、精心组织，切实达到有效衔接、有机结合的立体化、全方位推进的良好效果。

以普通高等教育“十一五”国家级规划教材《21 世纪大学英语读写教程（第三版）》为依托，以 3-Class 教学模式为框架，充分运用符号语言学多模态理论，研发出《21世纪大学英语读写教程（第三版）》3–Class多模态教学课件。

该课件分八个单元，每单元均由“Before–class、In–class、After–class”三部分组成。其中Before–class设计为单元课前预习；After–class设计为单元课后复习、拓展、指导和评价；In–class设计为授课主体，分为Pre–reading（导入）、Intensive–reading（精读）、Post–reading（拓展）三部分。课件内容全面、设计精良、操作简便，充分运用了Microsoft PowerPoint、Pro Premiere、Adobe Audio、Hot Potatoes、Mp3Cutter、Website、光影魔术手，以及字幕精灵等多媒体制作软件。

为使学生充分了解英美等国家的文化背景及思维方式，提高和改善学生的语言面貌，Before–class设计了大学英语课文问题与涉及文化背景预习和单词跟读预习两大部分（表4–3–2）。

表4–3–2 Before-class课件具体结构

Before–class	Do you know（回答问题）
	Read the new words aloud（单词跟读）

In–class部分分为Pre–reading、Intensive–reading、Post–reading三部分（表4–3–3）。

表4–3–3 In-class课件具体结构

In–class	Pre–reading	Lead–in Activity（热身活动）、Brainstorm（头脑风暴）
		Background Information（背景知识）
		Questions on Text（课文内容提问）
	Intensive–reading	Text Organization（课文结构）
		Text Comprehension（课文理解）
		Words and Phrases（单词词组）
		Word Building（构词法）
		Check Yourself（自测练习）
	Post–reading	Oral Activity（口语活动）
		Writing Skill（写作技巧）
		Sparkle of Wisdom（名人名言）

After-class 为课后学习部分，围绕课文主题，按不同方式设计了 Reading（阅读理解）、Listening（听力练习）、Writing（作文范文）三个部分，为学生课后学习提供资料（表 4-3-4）。

表 4-3-4　After-class 课件具体结构

After-class	Reading
	Listening
	Writing

3-Class 教学模式形式新颖、创新性强、互动性好，极大地提高了学生的学习兴趣，增强了学生学习的主动性。首先，课件内容源自教材却又高于教材，利用高科技条件，分单元设计，创造出形式新颖的教学模式。其次，教学设计方面，熟练运用任务、情境等多种教学方法，增设模仿、猜谜、连线等情节，互动效果极佳。再次，课件包容性强，内容丰富；运行顺畅，不会出现"死""卡""慢"等现象；运用操作也非常快捷简便。最后，课件界面布局合理，颜色搭配协调，动画设计新颖、活泼，视觉效果好，符合教学风格，能够满足学生学习心理。

尽管多媒体课件教学方式已经普及，但对大学英语教材进行多模态话语分析，并利用高科技手段实现多模态化教学却是教学法研究的新领域，也是高等院校和大学教师需要探讨的新课题。

三、多模态话语语境大学英语翻转课堂教学模式

（一）翻转课堂的定义

翻转课堂是指教师将授课过程录制成视频资料供学生课前预习，在课堂上教师不再详细讲解课文而仅答疑解惑的一种教学方式。翻转课堂的方式最早是由美国科罗拉多州的两名高中教师为缺勤的学生补习而尝试采用的，后被推广。翻转课堂的实施，是对课堂教学方式的重大变革，《环球时报》《华尔街日报》等各大主流媒体都曾对这种教学模式给予过专题报道，相关教育专家也纷纷对其高度赞赏。

在传统的教学模式下，学生在课堂上听取教师授课内容，课后进行复习、巩固，以加深理解、全面掌握。翻转课堂则改变了传统的教学方式，它是教师在课

前先以视频方式录制好授课资料，让学生用于课前学习；课堂上，教师仅对学生的预习情况进行检验、指导、答疑和互动交流，使学生在课堂上完成传统课后的任务，实现学习知识的前移，从而全面掌握所学内容的一种教学方式。

（二）翻转课堂的理论背景

翻转课堂反映出了信息技术在教育中的全面运用。随着信息产业的发展，计算机和互联网技术日益成熟，信息技术的应用也越来越广泛，其进入教育领域也属必然。据资料统计，当前，互联网、多媒体等技术已在大学教学中有所应用，基本普及了中学，相当一部分小学也已经运用。翻转课堂是利用信息技术发展教学的一例典范，它使教学时间、空间不再仅限于课堂，方式也不仅限于“教与学”。借助于信息技术的力量，通过计算机和网络信息平台，学生可以随时随地、不限时间、不限次数地主动学习，课堂则成了深入探讨、相互交流之地。翻转课堂的教育模式，符合我国深化教育改革的整体规划，符合我国当前的教育形势。

翻转课堂的实施更加符合学生的认知规律。人的生理特点决定了人的认知是有一定规律的，即先接触、产生直观印象，然后慢慢理解、逐步掌握，最后再进入巩固、提高阶段。传统教育模式将重点放在了课堂教学，即理解和掌握阶段，却忽视了准备工作，即预习。教师开篇即讲，因为没有经过接触阶段，部分理解能力弱的学生无法实现对课堂所学内容的全面理解和掌握，课后若再不及时复习，势必会出现囫囵吞枣、夹生等现象，并且由于学习脱节，最终会导致徒劳无功，这也是许多学生对学习失去动力、厌学甚至辍学的原因。翻转课堂的实施，弥补了这项缺陷；它让学生通过网络视频等方式在学习平台上先行预习，即接触知识、对知识产生印象，然后课堂上通过教师指点，学生即可顺利达到全面理解和掌握的程度，课后的复习也将更有助于学生巩固知识，这完全符合正常人的认知规律，可以使教育更加科学化、效率化。

理论和实践表明，作为以信息技术为载体的大学英语翻转课堂教学模式，符合时代的发展需求，能被广大师生所追求；具体而言，翻转课堂完成了一系列的转变。

翻转课堂是对传统的教学模式一次彻底的颠覆。传统的教学模式是“课堂讲授＋课后复习”，翻转后的模式为“课前预习＋课堂指导”。这样的翻转，看似简单，实际意义深远。传统教学，不论是教师还是学生都将全部精力放在课堂上，学生在某一集中时段进行学习；而翻转课堂模式则将师生的精力分散开来，学生课前预习会投入很大精力，课堂上学习就更容易接受知识，而教师则将全部精力投入课堂，用于答疑解惑、启迪新思想。这将使教学效率大大提高，远远超越传统的灌输式教育模式。

理论是用于指导实践的，实践也将反作用于理论，翻转课堂教育模式的实施就是如此。教师在教育理念的转变后，会促进翻转课堂教育模式实现；反之，此种模式也能够促使教师转变教育理念。传统教育理念认为“温故而知新”，便出现了教师反复讲解的局面，而翻转课堂教育模式的实施，则使教师更多地关注学生应该掌握哪些知识、掌握到什么程度，而不再过多地思考课堂上应该讲哪些知识点。这是一种时间的前移，是一种方式的转变，更是一种理念的改变。

传统的教育理念认为教师的角色定位应该是教，学生的角色则应定位在学。教不明则学不精，教师是主角，学生是配角。翻转课堂的实施，改变了教与学的主配角色，利用信息技术支撑的翻转课堂，使学生具备了课前学习的条件，增强了学生自主学习的意识，使其变成了学习的主角，而教师则从繁重的教学任务中解脱出来，把更多的精力用在了答疑解惑、指导学习、开展交流和深入研讨上，变成了学生的配角。角色的转换，增强了学生学习的主动性。

传统的学习方式是强压式的“要我学”，而翻转课堂的实施将有助于“要我学”向“我要学”转变。这是因为随着信息技术的急速发展，人们将信息技术应用于大学英语教学中，实现了教学内容、方法和工具的巨大飞跃。翻转课堂的实施保障了学生宝贵的学习时间，而利用网络等工具则保证了学生的学习空间，同时信息技术的时代性也将使学生对翻转课堂这种学习方式产生浓厚的学习兴趣。

（三）翻转课堂的教学模式

此模式会根据课上的学习内容及技能培养的方向确定学生自主学习的内容。教师课前对要使用的多媒体辅助自主学习软件的设置，可以满足不同语言能力的学习者的需求，一般根据班级学生学习的具体程度可设置为层次 1、层次 2 和层次 3，学生在课后可自主进行选择，真正实现翻转课堂。同样，在课后的自主学习内容的设置上，教师也要充分考虑到学生在课上无法完成的练习部分，把这部分内容也搬到课后自主学习的翻转课堂上。通过练习，教师可以找出学生出现问题的共性部分，在课上教学中加以强调，以便更好地完成教学目标。翻转课堂上学生的自主学习过程，教师是可以步步监控的，选择优质的英语学习软件，通过软件提供的项目，如日学习时间统计、周学习时间统计、任务完成情况、与教师沟通情况等，教师能够更好地检查学生课后学习的情况，这种监控是以往的教学模式和教学手段无法实现的。

任课教师将翻转课堂学习情况在课堂教学的过程中做阶段性总结，对学生存在的共性问题在课堂上解决并帮助其进一步巩固，保障课上课下的同一性；对个别性问题，教师可以对个别学生进行课下的个性化指导。英语课堂上经常进行的“头脑风暴”活动，在课堂上进行将会浪费大量的时间，而且在学生没有任何心理和知识输入的情况下进行“头脑风暴”，效果并不是很理想，因此，可以提前在自主学习平台上发布上课要进行的任务，让学生在有准备的情况下，到课堂上进行“头脑风暴”，这样既能够节约课堂宝贵的时间又能够更好地让每个学生参与到与本单元主题相关的各项活动中来。翻转课堂上提供的影像资料，有的比较难理解，教师可以在课堂上对部分内容进行讲解，其他部分的讲解视频可以放在学习平台上，让学生自主学习。通过座谈了解，学生对翻转课堂中的视频、音频等学习内容很感兴趣，但他们反馈，希望得到教师在课上的讲解及帮助。教师对这部分的处理可以通过以下方式进行，根据需要可以给学生写出“summary”“outline”或“details”，即总结、概要、详情。

经过自主学习、课堂学习的阶段，学生的单元任务基本完成，但整个学习过程并没有完成，仍然需要学生课后巩固知识，保障学习效果。课后的巩固学习共分两部分：一是教师布置的课后学习任务，二是学生根据自己的学习情况进行的查缺补漏。课下巩固的主要环节之一是单元测试，通过多媒体辅助教学软件，教师可以对学生语言学习的各个技能进行检测，并给学生做出反馈，针对错误题型给出同类型的测试习题。教师在网络平台可以随时为学生提供学习指导，可以更好地发挥教师的主导作用。在课下巩固这一环节，可以设置一个学生学习的反思部分，让学生对学到的知识进行梳理，对尚未熟练掌握的技能有所了解，在下一个阶段的学习中继续努力，通过不同阶段学生的自我反馈信息，让学生对自己整个学期的学习做出个人的形成性评价。

（四）翻转课堂的创新性

英语教学引入多模态的课程资源有其独特的优势，语言学习本身就应该是多模态并行的，以往英语教学的问题主要出在听说上，这个问题的产生原因是多方面的：会受到当时教学理念、师资水平、听力材料单一、教学模式单一等。多媒体环境下的英语学习是具有跨时代意义的，尤其对提高学生听说能力技能有很大帮助。整合名校的课程资源，通过网络学习平台共享给更多学生，可以真正实现教育资源的合理配备。

课堂教学对象的大众性，使教师无法全面地照顾到每一个个体。个性化学习是根据学生个人的实际情况和实际需要进行的，指的是在教师指导下的自主学习。多媒体课程资源提供大量可选择的数字化学习内容，如学生甲写作不好，那么他可以注册登录批改网，自主写作文，批改网就给予他语法、词法和句法的指导；学生乙听力不好，他可以在课程资源网上从最基本的听力内容开始自主练习；学生丙阅读吃力，同样，他可以利用课程资源网寻找个性化的、个人感兴趣的阅读内容进行学习。

教师对学生学业的评价，基本是总结式评价。近些年教师在评价体系中多参考形成性评估，一线教师的课堂记分册经常记得密密麻麻，每次课堂活动情况、出勤情况、作业情况和考试的卷面情况等都被记录在案。那么，如果将翻转课堂的学习作为形成性评估的一部分，来监控学生翻转课堂学习的完成情况是否可行。网络条件下的评价会减轻教师的监控任务，软件可以提供学生学习的各项指标，并提供定量定性分析。

以往，大学生离开家去大学读书，即使在同一学校，家长对孩子的学习情况也不了解，学生可能会说他们大了，不需要家长再操心自己的学习了。真的是这样吗？教育工作者是否关注过为什么学生在高中刻苦努力，而到了大学却整天荒废时间，是不是家长在大学教育中没有发挥本来可以发挥的作用呢？在美国，大学每学期会给家长邮寄一份学生学业状况报告，而绝大部分的中国大学则没有此项服务。通过计算机网络平台，教师是否可以向家长展示学生在校的学习、生活情况，让家长积极参加监控学生在校的学习情况呢？

计算机网络平台下的自主学习能够帮助学生养成良好的、“定时定量”的学习习惯。除了个别自律性较强的学生外，大学生的自律性普遍不足，而通过多媒体辅助和相关学习软件的配合使用，能够对学生学习的完成情况进行监控；还有的软件可以设置提醒功能，到了设置的学习时间，软件会自动提醒学生进行学习，以帮助学生养成自我管理的良好学习习惯。

四、多模态话语语境下体验式英语教学模式构建

（一）体验式英语教学模式的概念

体验式英语教学模式，指的是在英语教学中，以学生为主体，以教学任务为主线，以计算机、网络信息、多媒体技术为依托，让学生通过具体体验的方式来了解和掌握语言知识，并将其与实际紧密结合，从而将语言运用到现实当中的一种英语教学模式。该种教学模式，以传统教学模式为基础，增设了课前设计、课

堂真实情境体验、课后指导练习等环节，是教育改革的一种创新尝试，是适应现代英语教育的一种全新体验。

（二）体验式英语教学模式的基础

学习是个认知的过程，学生通过观察、聆听、接触等方式收集和处理外部信息，可以逐步理解和掌握知识。体验式教学会在处理信息的过程中再加一道环节，即增加自主体验环节，通过体验提高学生自主学习的能力，增强学生学习的主动性，从而建立以学生为主的新的教学模式。该模式的建立符合人的认识理论，对培养学生自主学习、积极参与、勇于实践等方面的能力大有益处。要想实施以学生为主的体验式英语教学模式，必须有适合学生体验的环境基础，而以计算机和网络信息技术为支撑的教学手段能够有效弥补传统教育的不足，为体验式英语教学创造良好的环境基础。信息技术所提供的多模态模式，有利于激发学生的学习热情；它创设的直观环境，有利于增进学生的学习兴趣；它载入的丰富教学资源，有利于增长学生的阅历和知识。教学的方法决定教育的成败。传统教育注重的是“教”，而体验式英语教学模式重视的则是“学”。体验式英语教学通过改变侧重点和主体的方式使学生在学习过程中，利用完成任务、扮演角色、交际交流等方式，进行情感体验、角色体验，从而培养学生开展英语实践的综合能力。

（三）体验式英语教学模式的优势

通过对真情实境的具体运用，使学生理解、掌握学习内容，从而学会如何运用，而不仅仅是孤立地学习某种语言。这种教学模式以实际应用为原则，呈现了当代英语教学模式的新思路，值得大力倡导。以现代的计算机网络和媒体信息技术为载体开展的教学活动，有效地提高了学生的听、说、读、写和实际应用语言的能力。教师要充分培养学生自主学习的意识，变“要我学”为“我要学”，通过主体转变，大力培养学生的主动性、积极性思维，以切实地达到培养目的。

体验式教学模式作为现代英语教学的新模式，充实和完善了传统教育理念，创设了具体操作规范，在具体应用中，应注意加强以下几个方面工作。

首先，全面贯彻体验式教学原则，既围绕课文又不局限于课文的开展课堂设计。其次，完成课前素材的准备，教师在备课时要收集大量的语言、文字、故事、地理等与课程相关的素材，将这些素材以多媒体课件形式予以体现，便于学生开展自主课前学习。然后，在课堂上教师要当好导演的角色，充分调动学生的积极性，发挥好情境作用，让学生体验好每个角色，教师及时并有针对性地开展点评，便于学生掌握知识信息。最后，安排好课后练习任务，学生根据教师布置的任务，结合课堂体验的感触，完成相应的练习，以使所学知识和技能得以巩固和提高。同时，教师要注意充分利用计算机和网络现代信息技术，特别是运用好网络这个载体，促使教学形态多模态化转变。在硬件建设方面，教师要搭建和完善信息网络平台，创设自主学习中心；在软件建设方面，教师要充分运用多媒体技术，开发、制作出大量品质精良的多媒体学习资料，创设优美的网络自主学习环境，促使学生产生浓厚的自主学习兴趣，为学生利用信息技术学习提供条件，将学习延伸到课外。

传统教学方法是“讲解—复习—运用”，以讲为主；体验式教学则是以学生自主学习为中心，故而应充分发挥好任务驱动的作用，使学生通过完成任务达到熟练掌握新知识、技能的目的。根据教学目标和任务要求，在教学过程中，教师应设计丰富多彩的活动，采用游戏、互动、交流、辩论、角色扮演、表演等有效方式使学生多体验、多感触，以提升学生强烈的参与意识，并培养学生积极主动的学习心态。根据现代评价理论的要求，对于英语教学的评价，应该既对教学过程进行评价，也要对达到的结果进行评价，所以应将评价与体验式教学有机结合，方能达到教学目的。建立多方面、多角度、多手段、全方位的评价系统，将教师的教学与学生的自学结合起来评价，设置课程设计、课前学习、课堂参与、课后作业等评价内容，采取打分式、讨论式、反思式、互评式等评价手段，及时总结经验，不断提升体验式教学效果。

体验式英语教学模式是创新形式的教育模式，是适合于英语教育的一种全新教育模式，该教育模式的充分实施，将会有效提高学生自主学习的主动性，有效激发教师课程开发和设计的积极性，符合英语教学的总体目标，符合培养大学生的根本目的，必将为培养新时代的人才发挥巨大作用。

五、信息技术与英语课程的整合

大学英语教学模式的改革方向决定大学英语未来的发展道路，因此学界对此问题的讨论也十分激烈。原有的教学模式受到批判，传统的测试模式受到质疑，因此，全国大学英语四、六级考试在不断改革测试内容及题型，但仍没有从根本上解决大学英语教学的问题。在不同的改革模式中，专家们就英语教育信息化达成了共识，倡导运用现代教育信息技术，促进大学英语改革，培养信息化社会所需的人才，为大学英语教学改革带来了创新与实践的平台，为新的历史局面下的信息化教育发展提供了发展机遇。如何更好地运用信息化技术为教学服务，适合英语课上教学、课下教学的信息化技术都是需要英语教学工作者在教学的过程中多加总结、相互学习的，要在实践中探讨解决问题的方法与手段。数字化将成为信息技术的核心，多模态话语语境，如数字化、多媒体化、智能化和网络化成了新型教学模式的依托载体，以多模态话语语境理论为支撑的立体化教材并没有动摇教材在课堂教学中的地位，不同教师根据教材的要求，可以共同把握进度及教学内容，达到教材立体化，使教学资源的呈现方式多模态化、教学内容设计一体化、教学过程多元化。以优质资源共享为理念的微课建设等新型模式必将推动大学英语教学模式改革，也必将在教学实践中得到广大师生的认可与支持，信息技术与英语课程的整合便成了推进大学英语教学模式改革的有效尝试。

（一）整合的意义

信息技术与英语课程的整合对于大学英语教育改革而言，不但是一次大胆的尝试，更是一次重大的创新，整合的成功将具有指明改革方向和里程碑式的意义。信息技术与课程的整合，实质上是将先进的教育理念作为主线，以先进的教学理论为指引，将大学英语课程与当代的计算机软件、网络技术充分有机结合，将信息技术演化为促进学生学习、激励学生进取、创设教学氛围的工具，使学生乐于学习、主动学习、努力学习。在大学英语教学过程中，应全面应用信息技术演化这个工具；融合教学内容、吸收教学素材、利用教学环境，将各种与教学有关的要素全面地进行整理、加工，融合为一个整体，发挥 $1+1>2$ 的聚合效应，改传统中被动式的“讲—听”为主动式“观—研—钻”教育方式。突破传统的教育方式，促进教学模式的根本变革，培养学生自主学习、勇于创新、乐于实践、将理论与实际有机结合的能力，实现现代化教育的目标，同时有效缓解大学英语学生逐年增多而英语教育资源紧缺的难题。

（二）整合的目标

信息技术与英语课程整合后会成为一种全新的教育方式，这就要求教师将教育氛围、课程设计、任务目标、学生理想、评价体系、教师水平、信息综合技术等软硬件因素有机融合，正确处理教育理论、教育方式和信息技术这三个关键环节，方能达到坚决而彻底实现大学英语教育改革的宏伟目标。在课程体系和课程内容方面，应制定出科学的、系统的、多元的及有本校特色的教育理论和教学目标；在信息技术方面，应充分利用现代网络技术、多媒体软件技术；在人文关怀方面，应培养教师的教学设计能力，考虑学生对于大学英语学习的所想、所需、所急，考虑学生自主学习、个性化学习的特点。整合各方面因素，建立学习资源平台，充分发挥学习资源平台的优势，调动学生利用平台学习的积极性，动员教师利用平台开展教育活动。培养出知识渊博、本领过硬、造诣颇深的高精尖人才，更好地实现大学英语的根本教育目的。

第四节　认知理论视域下的多模态英语教学模式

一、认知理论与教学思想的融合

认知教学理论包括三个主要论点：加工过程论、认知结构论和学生中心论。

（一）加工过程论

认知心理学把人脑的功能类比为计算机的运行程序，认为认知过程，即信息加工过程。认知理论关于教学的研究主要探讨的是不同的教学方法如何影响学生的认知过程，影响学生的学习结果，而不像行为主义那样仅研究教学操纵和教学效果的关系。研究表明，认知加工过程是影响学生学习效果的直接因素，不同的学生，听同一位教师讲课，或是阅读同一篇课文，由于学生思维的加工水平不同、理解不同，学习效果自然也就不尽相同。教材、教学方法和奖惩措施只是影响学生学习效果的间接因素。

在加工过程论思想的影响下，认知策略和学习策略的研究日益受到重视。加涅认为，认知策略是指学习者调节自己的内部注意、学习、记忆与思维过程的各种技能。布鲁纳把认知过程视为最重要的教育目标，认为确定信息加工的阶段和顺序，有利于建立合理、准确的学习模型和总结有效的认知加工策略。弗拉维尔提出的元认知概念不断渗透到教学领域，使认知教学策略不断深化。元认知策略涉及个体在运用一般认知策略时对必要的计划、监控和调整的自我调节，是运用认知策略不可或缺的重要组成部分。弗拉维尔将认知性策略分为两类：具备性缺陷和应用性缺陷。前者指学生缺乏认知策略，后者指学生不知如何使用已有的认知策略。这就要求教师在使用一般的认知策略时，及时教授给学生元认知策略，使两者形成自然的延伸，教会学生如何有效地控制、调节自身的学习活动，以取得良好的学习效果。

（二）认知结构论

当代认知理论不仅重视认知过程，而且重视认知结构，加工水平的深度是认知结构的一个重要方面。根据奥苏伯尔的观点，学生有意义的学习就是把新知识和原有的知识联系起来，并把新知识纳入原有的认知结构之中。他说："富有意义的新思想是通过把它们归类到一个已存在的认知结构中去才被学会的。"[①] 加涅认为，学习者必须能够进行信息加工，将理解的刺激转变为有组织的网络结构。言语信息是要被结合到一个较大的命题结构中去才能被学会的，其加工水平越深，学生对知识的理解越深刻，掌握得越好。学生头脑中的知觉表征方式是智力活动的结果和认知方式的体现。认知结构与教材的知识结构有以下几个方面的不同。

①信息的表征方式不同。主体头脑中的知识多以语义方式简约表征，以直观方式储存，而教材中的知识主要通过语言文字来表述。布鲁纳将儿童的认知图式划分为动作表征、形象表征和符号表征三个水平，认知理论认为信息在大脑中的编码可在不同水平上产生。

②信息的构造方式不同。头脑中的知识是非线性的，具有一定的层次网络结构。信息在头脑中的构造方式因人而异，专家倾向于依据高级原则组织知识，而初学者则依据表面特征以零散、孤立的方式储存知识。

③知识的完备性不同。教材中的知识是完备的、系统的，而头脑中的认知结构在遗忘规律的作用下常出现漏洞。传统的教学方法相对注重教材的知识结构和逻辑结构，而当代认知理论则重视认知结构的研究。研究学生头脑中的认知结构可为改革当代教学方法提供科学依据。布鲁纳强调课程应偏重于学科的结构。同时他也给出了阐述这一观点的四点理由：教给学生学科的基本结构可使学科更容易被理解；把知识放进构造得很好的模式里面更容易记忆；学习一个模式，有助于学生理解可能遇到的其他类似的事物，是通向适当训练的迁移大道。他还强调学科结构能缩小高级知识和初级知识之间的差距。

（三）学生中心论

认知教学理论强调认知因素直接影响、决定学习结果和效率，认为已有知识或认知结构是学习的必要条件，如果没有预先存在的、可利用的、清晰的认知结构就不会产生有意义的学习。学习时学生必须善于把新知识纳入已有的认知结构中进行深水平语义加工，才能理解和掌握新知识。因此，认知加工深度和策略是

① 朱丽．多模态话语理论与英语教学研究[M]. 石家庄：河北人民出版社，2019.

决定学生学到什么的充分条件，教材、教法、环境条件和社会影响等外部条件都是影响学生学习的间接因素。既然学生的学是决定学习结果的直接因素，那么学生主体作用的发挥就成了当代教学的重要任务。认知教学理论受人本主义心理学的影响，提倡学生主体、教师主导或教学活动双主体，提出了以学生为中心的口号。这对传统教学思想提出了挑战。首先，这一理论在创造学习的外部条件时以主体内部的认知规律为前提，从某种意义上说，教师的教之所以重要是因为它能影响学生的内部认知过程，即满足学生有意义学习的心愿，启发学生进行深水平加工，改进和调动已有的认知结构。其次，这一理论改变了传统的教师主导课堂的教学方法，侧重于集体讨论法，这有助于激发学生批判性思维的形成，并对学科材料有深入理解，提高其对所学知识的解释、推理和运用能力，而且对学生的态度和价值观及后来的行为表现都有积极的影响。再者，认知教学理论树立了教学目标新观念，认为将学生培养成为独立、自主、高效的学习者才是最重要的教学目标。

二、三位一体的多模态大学英语课堂教学的构建

（一）教师的多模态教学

1. 大学英语教学中多模态选择原则

根据系统功能语言学的语境理论，情景语境包括话语范围、话语基调和话语方式三个方面。在英语教学中，这三个方面分别表现为教学内容、师生特点和教学条件。教学内容是指所教授课程的知识领域、难度深度及所要培养的学生的听、说、读、写、译等基本技能，是课堂教学要实现的首要目标，也是制约模态选择和教学方法选择的主要因素。例如，听说课使用的主要模态是听觉模态和语言模态，可以增加与教学内容相关的视频或图画，或者由教师设计一定的身体姿态来调动学生的视觉模态。教师的个人特点、教学理念和学生的水平、个性差异也同样制约着具体教学模态的选择。因为教师是开展课堂教学的主导因素，所以教师的教学理念和个人兴趣对课堂起关键作用。例如，从教师与学生的关系上看，如果教师认为学比教重要，就会侧重培养学生的实践能力，而不是把教材当作权威，这样一来，学生就会成为课堂活动的主体，教师则会注重调动学生使用多种模态来强化、提高多方面的语言能力；相反，如果教师持相反理念，认为教比学重要，那么教师就会利用课堂上的大部分时间进行教材的讲解，学生的主要任务就是听讲，那么他们课堂学习过程中使用的主要模态相对而言就会比较单一。教学条件

包括教学环境和教学设备等客观因素。目前，现代化教学设备已经比较普及，教师可以通过多种模态呈现教学内容，不过这对教学设计的要求也更高了。基于以上三个方面，教师在英语教学中要相应考虑以下三点内容。

第一，话语范围，即教授的内容、深度、长度等。

第二，话语基调，即教师的性格、特长和学习者的知识及能力结构等，以及二者之间的关系。

第三，话语方式，包括硬件设施、教学环境等，如针对知识获取型的教学目标，教师主要采取解释、说明等方式；针对技能训练型教学目标，教学过程以训练、行动为主等。

有了这些做基础，我们便可以考虑具体模态的选择问题了。模态选择的原则是以模态选择的动因为基础的。为了取得更好的教学效果，教师要尽量选择多种有效的措施和方法，特别是技术手段；但从经济的角度讲，模态的选择则是越简单越好。所以，教学模态的选择是在最优化和最简单化的矛盾之中进行的。而从两者的先后顺序上讲，最优化原则是首选原则，这就解释了为什么虽然运用现代技术不仅昂贵而且非常复杂，但很多教师还是尽力选用最先进的多媒体技术作为教学媒体。在制定传播策略时，我们要将最优化效果作为首要目标。为实现这一目标，我们要充分利用现代媒体技术，以最大限度地传达讲话者的意图并产生最佳效果。在这个总原则指导下，还有几个相互联系的原则：有效原则、适配原则、经济原则。

有效原则是指选择任何一个模态的前提都是要取得更好的教学效果，避免出现某个模态的无效使用，或者某一模态产生的负面效应等于或者大于正面效应的现象。例如，用多种模态来解释同一知识或事物能够强化学生记忆，但这样也会分散学生的注意力。如果这个负面效应过大，就会使其效果在整体上是零，甚至是负的。这种组合模态的使用就是多此一举。

适配原则是指在选择不同的模态时，要考虑不同模态之间的相互配合，以获得最佳搭配为标准。例如，几个独立的模态各自都可以产生很好的正面效应，但组合在一起则可能出现无法相互配合，相互之间发生摩擦从而降低总体效应的情况。例如，在英语文化课或口语课中，口头讲解和角色扮演都是行之有效的教学方法，但如果教师非要将二者混合在一起，在角色扮演的过程中强行加入讲解，这样就会影响角色扮演对学生能力的培养，产生不了应有的效果。

经济原则通俗易懂，就是表示选择模态时越简单越好。

2. 多模态大学英语教学中教师角色的培养

在使用多模态进行教学的过程中，教师的角色发生了转变，其主导地位转变为引导地位，教师要努力提升自己的专业水平和技能，在课堂上对学生加以引导，让学生成为课堂的主导者。

那么在教学过程中教师应该如何提升自己呢？在利用多模态进行教学时，课本知识依然是最主要的，教师应该充分熟悉课本，利用好课本知识。此外，在课堂中还要根据具体教学进行拓展，以教学目标为指导设计课堂，选择合适的教学模态，让学生了解所学的重难点。教师还应该对学生真实的英语水平有充分的了解，这样才能更好地调整教学策略，进行知识传授。除了课本之外，教师还要跟上时代发展的步伐，在信息化时代充分利用网络资源进行教学，利用网络工具与学生进行交流，并利用各种视听手段设计多模态教学课堂，只有这样才能激发学生的学习兴趣，有助于教师开展英语教学，学生也更有学习英语的积极性。

在多模态教学过程中，教师的主要任务不是简单地传授课本知识，而是帮助学生更好地认识各种符号，理解其内在含义，辅助学生利用符号系统构建自己的知识体系，在处理各类文本时做到游刃有余。教师的指导作用主要体现在以下几个方面。

第一，合理规划安排小组。教师要根据不同学生的学习情况、知识掌握程度及自身经历来设定小组。划分学习小组的目的是使组内每个成员都发挥自己的所长，提高学习效率和学习的积极性。

第二，给予适时且清晰的指导。在课堂上，教师要发挥正确引导的作用，指导学生利用多模态方法进行学习和思考，尽快使学生进入课堂情境。例如，教师可以设置问题并让小组进行讨论，选出代表分享不同的观点；或是采用不同小组之间进行辩论的方式发表自己的见解，帮助学生用语言描述事物，强化所学知识，并进行拓展，达成更好的学习效果。

第三，进行合理评价。在课堂上，教师要根据自己的专业知识、经历等对所讲知识进行评价和解读，并留出足够的时间供学生讨论和思考，分享不同的观点和看法；同时，教师要对这些观点作出合理的评价，提升学生的学习积极性和自主学习能力，从而提高其学习效果。

3. 基于多媒体技术的多模态教学模式

（1）课件演示模式

课件演示模式是指教师通过使用教学课件开发程序或工具，把英语教学中要传授或涉及的教学内容制成多媒体教学课件，并将其通过多媒体投影设备呈现给学生的教学模式。这种教学模式在学生较为集中的情况下比较方便使用。课件演示模式的特点包括：课件制作过程简单；教学信息量大，教学效率高；以科技发展学生的学习兴趣；教学形式较为单一。

（2）情境创设模式

情境创设模式是指在英语教学过程中，教师充分利用各种多媒体信息资源，如声音、视频和文字等，再加上相关的应用软件，创设出语境与教授的英语课程相关的一种教学模式。

情境创设模式的英语教学设计对教师的信息技术要求较高，教师主要需要做以下两个方面的准备工作：一是要用多媒体编辑软件（Cool Editor）对英语多媒体教学素材（音像素材）进行编辑和整理，去掉无关紧要的情节，以使素材更加紧凑，避免一些无关信息分散学生的注意力，进而提高学生的学习效率；二是要合理编辑与音像素材相关的文本资料（课上需要讲解的语篇信息、单词、背景介绍等），再将文本信息以字幕等方式与视（音）频资料同步整合。

情境创设模式有效地利用了多媒体技术，刺激学生调用多种感官进行多模态学习。身临其境的感觉不仅提高了学生的学习兴趣，而且让学生认识到所学的语言信息要在何时、何地及如何有效地利用与表达，增强了学生的体验感及实际运用能力，提高了学生的学习效率。

（二）学生的多模态学习

从认知学理论来看，学生是课堂教学的主体。学生多模态学习主要指学生运用多模态手段并通过多种感官观察、认知、接受、分析、处理和运用语篇信息和非语篇信息的认知能力。

认知心理学认为产生学习行为的基本前提条件是注意力、好奇心、观察力（通过五官）、记忆力和发现及试图解决问题的意识五个方面。其中记忆力至关重要，分为瞬间记忆、短期记忆和长期记忆。恰当的模态转换可以增强学生对所学内容的内化度，提高内容记忆的持久性。因此，在教学过程中应有效采用多种模态增加学习材料的直观性和经验性，通过问答环节、小组讨论演讲辩论、角色扮演等刺激学生对新知识的感知，用多种感官接收并输出多模态的话语信息，增强记忆效果。在影响记忆力的诸多因素当中，注意力是最重要的。研究发现，注意力和记忆力的强度都跟获取信息的模态直接相关，而公认的事实是情感的冲击可以吸引学生注意力并加深其知识记忆。因此，在课堂设计上，教师使用的视频材料、口头或书面的语言材料和讨论的话题要有一定的内涵和深度能够关照到学生的社会情感或个人情感，使其对所接收信息有深切感受，增强其理解记忆能力，这样有助于提高学生学习效果。

多模态学习首先要求学生通过视觉模态进行教材文字识读和认知语篇信息，包括语篇树状信息结构和信息点。然后，学生要认真观察教师所演示的多模态教学内容，以获取相关信息。再综合运用多模态认知语篇信息和非语篇信息进行多模态信息输出（回答问题、展开讨论或进行课堂表演等形式），以便训练自身的语言表达能力、思维能力和操作能力。学生多模态学习主要分为教师课堂传授和学生自主学习两种方式。

（三）多模态教学评估

多模态教学评估是指师生双方根据制定的教学目标对教与学的效果进行的多种方式的检测。该评估包括师生自评、师生互评、学生互评等方式。多模态教学评估是多模态教学模式中不可缺少的组成部分，多模态教学评估不能只依据传统的期末考试成绩这种单一的评估手段，教师和学生双方都应成为被评估的对象。教师要评估自身使用的教学方法或手段是否合理，如图像、视频、音频或网络等多种手段在课堂教学中的效果，及时调整不合理的多模态教学方法，以便在有限的课时内有效地完成教学任务。此外，学生也应对教师的教学效果进行评估，教师通过学生的评估来了解教学中多模态运用的情况，如各种模态调用是否合理恰当、设计信息与模态是否匹配、设计是否易于操控等。

教师通过双向评估可以发现问题、解决问题，进一步提高多模态教学的质量。教师对学生的评估要设计多种评估指标和参数，绝对不能从单一的语言文字方面来评估，而是要对学生在平时学习过程中的英语听说读写能力、信息认知能力、语言交际能力、思维能力及对多模态信息的处理能力等多方面因素进行综合评估。具体参数包括学生根据自身取得的成绩进行的自评，学生小组活动中根据参与多少、贡献大小等进行的互评。每单元结束后收集的评估结果可作为动态评估学生表现的重要依据。课堂表演、课堂问答、期末考试等综合成绩按一定比例计算，每学期各项动态测评成绩按一定比例计入学生总评成绩。

三、大学英语多模态认知教学模式的问题分析

英语教学是一种混合型的教学过程，既要包含语言知识的教授，又要包含语言技能的训练。实践证明，创造良好的多模态学习环境能够有效提升英语教学效

果。但是，当前我国大学英语教学在向多模态方向发展的过程中受到了多种因素的阻碍和制约，主要总结为以下两个方面。

（一）教学方法与模式无法适应多模态教学的需要

大学英语课堂教学虽然在一定程度上运用了现代信息技术，但当前的教学模式总体上仍以传统的教学方法和模式为主，无法完全适应现代多模态教学的需求。从事大学英语教学的教师大多接受的是“单模态”的学科教育培训，在教学中不免带有学科偏见。教师的教学经验、知识结构、兴趣爱好等主观因素在很大程度上影响了教学方法的选择。多模态英语教学提倡教师考虑学生的特点和兴趣，根据不同的教学目的综合运用多种教学方法，如交际法、情境法、任务法等。教师应结合自身的教学经验和学生的学习水平，采用多元化的手段来呈现同一项教学内容，充分利用多模态化教学的优点，使学生对英语学习产生浓厚的兴趣，从而提高教学效果。

（二）教师对多模态教学存在认识误区

目前，人们对多模态教学普遍存在一个认识误区，那就是使用计算机多媒体教学就是多模态教学。在大学英语教学中，多模态教学与多媒体教学这两个概念是交织在一起的，然而，有必要区分它们，因为只有如此，教师才能加深对两种教学模式的认识并为课堂设计提供更加理性的依据。多媒体是计算机和视频技术的结合，是指在计算机系统中组合两种或两种以上媒体的一种人机交互式信息交流和传播媒体，使用的媒体包括文字、图片、照片、声音、动画和影片等。大学英语教学改革倡导的多媒体教学是将计算机多媒体技术与传统课堂相结合的多媒体组合教学，也叫电化教学，即使用电化教学设备进行教学，如在教学中采用电视、电影、录音、录像、通信卫星、电动教学模型等教具开展教学活动增进学生对教材的理解和巩固。在大学英语课堂上，对多媒体技术运用最广的表现就是使用多媒体课件进行辅助教学。而多模态教学是运用多种感官、通过多种手段来调动学生的学习兴趣并提升学生的学习效果的教学。通过概念区分可以看出，实际上，多模态教学的内涵超过了多媒体教学的范畴，多媒体技术能够为多模态教学提供现代技术上的支持。多模态不仅包括多媒体技术提供的各种模态，还包括教师教学过程中自身的姿态、腔调等多种模态和学生学习过程中使用的各种模态。在多模态与多媒体教学混淆的情况下，部分教师对大学英语多模态教学存在严重的误解：认为使用 PPT 就是多模态教学，PPT 制作不精良也无大碍。可现实并非如此。从多模态话语的角度来看，在技术上，多媒体课件能够将文字、图像、声音和视频整合并运用；但从教师课件的设计来看，模态的运用往往比较单一，并没有起到全面调动学生多种感官的作用，相反，会使学生视觉疲劳和精神涣散。PPT 课件虽然被广泛使用，但从总体上看，仅仅是作为传统黑板的替代品而存在的，也就是说，教师把原本用粉笔写在黑板上的内容放到了屏幕上，甚至有的教师把教材中的内容原封不动地复制到课件中，使 PPT 成为电子版的教材，偶尔为了画面好看才会附上一两张图片。因此，教师需要花时间、下功夫研究如何设计多媒体课件，注重将各种模态有机、有效地结合。这样一来，就可以激发学生的学习兴趣，有效提高学生的学习效果。

教师要不断更新教育理念，充分考虑上述制约因素，针对教学内容和教学目标合理选择适应的模态和媒体，设计新的教学方法和教学模式。

第五章　大学英语教学的多模态课件开发

多模态课件从认知主义理论和多模态符号学理论的视角来界定课件的概念。本章主要介绍了多模态课件的开发、多模态课件中的逻辑媒介、多模态课件的模态选择原则及学习。

第一节　多模态课件的开发

多模态课件属于多模态话语范畴，是通过多种符号资源内部的互动来实现教育意义的复合话语，它利用现代技术拓宽学生学习和运用英语的渠道。多模态性是多模态课件的主要特点之一，它能够利用文本、图像、颜色、声音等多种模态构建课堂，吸引学生的注意力，强化语言信息的输入，从而在一定程度上提高教学效果。多模态课件将文本、声音、图片、视频或音频和学习规律等结合起来，使课堂教学活动更符合学生学习的需求。

一、多模态在大学英语课堂中的协同原则

多模态课堂使英语教学重新拥有活力，教学模式的多元化使英语课堂不再呆板，充满生机。教师在选择多模态方式教学时，不是越多越好，而是要根据课程内容选择合适的模态进行教学，才能取得良好的效果。从这个意义上说，多模态就像一把双刃剑，合理使用它就会增强教学效果，提高学习效率；反之，就会影响学生的注意力，对其识记能力产生影响。所以，教师在教学时要对各种模态择优选择，还要处理好各模态之间的协同关系。

（一）多模态话语的有效性原则

在课堂教学中，教师在选择多模态内容时要注意部分与整体的关系、前景

与后景的关系及强化关系。教师可以先选择一种媒体来提供具体信息，然后通过PPT图片等模态强化学生对知识点的记忆。通过这种模态间的协同进行课堂教学，可以实现教学目标。在整个教学过程中，前景是语言交际，其他模态为语言交际提供背景支持。形象生动的图片，优美、激昂的音乐及幽默的动画，可以提高学生的学习兴趣，集中他们的注意力。例如，在某节课上，教师需要播放英文电影片段进行辅助教学，在此之前，教师对该片的主要内容、人物关系及文化背景都会做简单介绍，提前在学生大脑中形成图式知识，这样学生在观看影片的过程中才更容易接受新知识。多媒体只是教师教学的一种方式，并不能完全替代教师的教学，所以学生应该充分整合教师的语言、手势及教学工具呈现的多模态形式。总之，各种模态的教学方式最终都是为教学服务的，是开展教学活动的辅助手段。

（二）多模态话语的交互性原则

和谐的多媒体大学英语课堂的构建，涉及教师、学生和多媒体之间的关系。目前，大多数英语教师在课堂教学中都会使用多媒体，用幻灯片代替黑板，把文本数字化，用多模态方式进行教学。这里的文本不光指文字，还有图片、声音等，它能够充分引起学生学习英语的兴趣，同时也给教师的教学带来了难度。过于花哨的PPT会吸引学生把注意力放在其他方面，让师生间的互动产生问题。师生之间的互动是多模态课堂产生效果的前提。在多模态课堂中，学生应积极地参与话题讨论，才能有更多的练习机会，获得更多英语知识。教师在设计PPT课件时要考虑到师生的互动，为学生留出充足地考虑问题的时间。与此同时，教师可以让学生参与到PPT课件的设计中，让学生更加充分地体验到多模态课堂的益处，使多模态话语的作用发挥出来。

（三）多模态话语的适配性原则

在教学中选择什么样的模态教学，应该以模态之间是否能够成为最佳搭配及产生最佳效果为标准。例如，在单独使用某三种模态之一时，都会产生正效应，但是将三种模态组合在一起后，并不能互相配合产生更大的作用，相反，还会降低应有的效应。例如，在播放动画的时候教师非要进行口头讲解，反而起到了反作用。适配性原则还体现在：教师作为专业课程开发的主体，要以研究者的身份进入课堂教学，发现问题，采集数据，运用教学实践经验进行多层次、多角度的分析，使自身的实践与教学内容相适应。英语教师还必须了解不同学科、不同场合、不同目的所使用的不同语言文化形态，从而采取不同的传道方式指导和帮助学生。通过言语、视觉听觉各个模态间的连贯适配，实现教师、学生和多媒体之间的和谐。

二、多模态课件开发的理论基础

（一）行为主义理论对计算机辅助教学的影响

计算机辅助教学的初始阶段是以行为主义学习理论为理论基础的。行为主义学习理论强调对学生外部行为的研究，强调对学生反应的强化。在认知主义心理学产生后，学者开始摒弃学习是简单的“刺激—反应—强化”的过程，着眼于信息的输入与输出过程中学生主动学习意义的构建。但是在行为主义理论指导下的课件设计，尤其是美国行为主义心理学家斯金纳提出的“程序教学法”，促成了后来逐渐形成的计算机辅助教学，这对于教学课件的开发有指导性的意义。

1. 小步子和及时强化原则

小步子原则即循序渐进原则，指学习内容按其内在逻辑关系被分割成细小的单元；及时强化原则指通过练习等方式使学生对每一单元内容做出反应，保证学生积极的学习动机，当学生做出反应后，要求对学生的反应给予“及时确认”或“及时强化”的措施。传统教学内容的组织形式遵循线性原则，即每个信息单元的逻辑关系是有序的，依照预先设定的序列进行安排。从起始单元到终止单元，各个信息单位连贯性强，不存在跳脱或随机出现的情况。这种线性的组织方式有利于知识系统性和逻辑性的传递，便于学生按部就班地学习。

而人类的记忆是网状结构的，联想检索必然对应不同的认知路径，按照线性结构组织的信息客观上限制了学生的联想能力。现在，多媒体教学课件的信息结构越来越多地采用非线性的超文本方式，信息没有固定的顺序，也不要求学生按顺序获取信息。

2. 自定步调原则

在传统的教学中学生的学习速度需要一致，这极大地限制了学生的自由发展。学生应根据自己的特点自定学习进度和速度，学生在以适宜的速度进行学习的同时，要通过不断地强化得到进一步学习的动力。多媒体课件在进行设计时要考虑到不同层次学生的需要，让学生能够根据自己的需要，自定步调进行学习。例如，课件在“系统登录”部分设置“继续学习”的按钮，学生结束本次学习后，系统自动记录其学习进程，学生再次登录后，可以按自己的进度继续进行；在学生登录后的学习内容界面，“学习记录”“学习笔记”“作业管理”等被用来记录学习者的学习情况保存学习者的基本信息、在线时间、参加讨论的次数、笔记的记录、留言、作业及登录情况等，以此为评价学习者学习过程和学习效果的参考。

（二）认知主义理论对计算机辅助教学的影响

以认知主义学习理论作为理论基础，是计算机辅助教学的发展阶段。在计算机辅助教学课件的设计中，人们开始注意到学生的内部心理特征与认知规律，学生不再只是把学习视为对外部刺激做出被动反应的适应性的学习过程，而是利用自己原有的认知图式，对外部信息做出主动的选择和建构的过程。认知主义心理学注意到人类在与外部环境（包括自然环境和人文环境）互动时是以“意义”为中介的，而不是用外部可观察到的行为直接去互动的，强调学习过程中学生的心理认知、意义的构建及意义构建的认知情景，在此基础上，确定适合的教学策略来促进学生有效的学习。认知主义学习理论的研究成果对教学课件的开发有着广泛而深远的影响。

1. 认知负荷理论

认知心理学的标注记忆模型认为，人类的认知结构是由工作记忆和长时记忆组成的，信息处理主要靠工作记忆，而工作记忆的容量是有限的，长时记忆的容量则是无限的。澳大利亚新南威尔士大学的心理学家约翰 · 斯威勒基于标注记忆模型和双通道编码理论于 1988 年正式提出认知负荷理论，该理论关注学习过程中的工作记忆的作用，该理论认为，工作记忆的容量是极其有限的（一次只能存储 5～9 条基本信息或信息块），长时记忆的容量在本质上是无限的，所有的信息在进入长时记忆之前，必须在工作记忆中进行信息加工。学习过程要求将工作记忆积极地用于理解和处理材料并对即将习得的信息进行编码以存储在长时记忆中，长时记忆中的内容主要以“图式”的形式储存，“图式”除了在长时记忆中具有储存及组织信息的功能外，也可降低工作记忆区的负荷。如果学生所要加工的信息容量超出了工作记忆所能加工的信息容量，就会引起资源分配的不足，产生认知负荷，从而影响个体学习或问题解决的效率，学习将变得无效。

约翰 · 斯威勒等人将认知负荷的来源分为 3 类：内在认知负荷、外在认知负荷和关联认知负荷。内在认知负荷是由材料本身的固有特性（难度和复杂度）和学生原有的知识水平及两者的交互作用决定的，一般认为内在认知负荷是相对固定的，教学设计不会对它产生直接的影响。外在认知负荷是超越内在认知负荷的额外负荷，它主要是由设计不当的教学引起的，能通过教学内容的重新组织和设计进行调整。关联认知负荷指学生在图式建构和自动化过程中意欲投入的认知资源的数量，它与学生的认知努力有关。外在认知负荷和关联认知负荷都直接受控于教学设计者。

在教学活动中，课件的设计应尽可能减少外在认知负荷，增加关联认知负荷。根据艾伦·佩维奥的双重编码理论，可以通过均衡使用学生的视觉通道和听觉通道达到有效学习的目的。学习是以视觉和词语两种编码进行加工的，图像为视觉加工提供形象具体的信息，语言能表达深层的语意信息。如果图像和词语材料都以视觉形式（动画或文本）呈现，就会出现听觉言语通道闲置而视觉表象通道负荷过重的情况。如果语词以听觉形式呈现，视觉通道就可以只用来加工图像，这样就出现听觉和视觉通道信息加工的平衡，实现工作记忆容量的充分利用。

此外，可以在课件中应适量使用有趣但无关学习的文字和画面，以避免信息冗余而增加学习者的外在认知负荷。在心理学研究中，将与要传递的信息没有密切联系但又非常有趣、醒目的材料称为“诱惑性细节”。研究证实，给枯燥的学习材料添加有趣但是无关的细节，并不会改善学习者对材料内容的学习。另外，呈现的此类内容不宜过多。多媒体课件要通过文字、图片、音频、动画、视频等媒体将教学内容传递给学生。在针对特定的教学内容时，设计者有较大的选择范围和选择空间，有时在教学设计的过程中，为激发兴趣、情境导入、复习等需要会引入不同的内容，这往往也造成了很多不必要的数据冗余。由于工作记忆容量较小，如果单个页面中同时共存较多的信息元素，会给学生造成很大的认知负担。因此，在设计多媒体课件时，每个页面上呈现的内容不宜过多，以免这些信息元素同时加工，超出学生的工作记忆容量，产生认知负荷超载。

2. 建构主义理论

建构主义理论认为，学习是学生通过已有的认知图式，主动建构意义的过程。学习是新旧经验相互作用的结果，一方面，学习者需要借助已有的经验，对新知识进行解释和假设，将其纳入认知图式结构中；另一方面，由于新知识的纳入，已有的经验会发生一定的调整或重构以取得平衡。

在传统的教学观念中，学习的核心内容是抽象概念和规则的学习，教师认为对概念和规则的学习可以指导学生在具体情境中解决具体问题。与传统教学观不同，建构主义者提出了情境性认知的观点，强调学习的情境性，重视教学过程中对情境的创设。情境是否真实，是否有利于学生对于知识的认识，对实现意义的建构是十分重要的。其中，情境包含以下几项内容。

①真实任务情境。学习任务应当与现实生活具有一定的同构性。

②情景化的过程。学习过程应与现实生活中的问题解决过程类似，解决问题所需要的工具和资料隐含在学习情境中。

③真正的互动合作。情境性学习强调学习过程应与实践活动一样，在一定的共同体中进行合作互动、协商和交流。

④情景化的评价。情景化教学的评价一般不需要独立的测验，在学习过程中对具体问题的解决本身就反映了学习的效果。

由此，课件的设计要为学习者创设这样的“真实”情境，需要考虑为学习者再现背景知识情境及其知识的使用情境；需要考虑适合的交互技术，帮助学习者创设协作学习的环境，例如在多媒体课件中使用留言板、论坛、视频等促进交互；需要为学习者提供丰富的工具资源，帮助学习者利用所提供的工具和信息资源进行自主探索。通过情境的创设、结构、导航和交互的设置，学习者在教学内容意义建构的过程中通过多种信息编码方式与输入通道，以及结构、导航等逻辑关系的指向，确保信息的意义建构以及长时记忆中信息结点的联结强度。

（三）多模态符号理论下的多元识读能力

语言模态和其他模态交织在一起能够构成传递信息的意义潜势。社会意义的产生渗透于语言、图片、声音、动画、建筑、服饰、烹调饮食、民族行为等多重符号模态及这些模态的互动之中。多模态化指的是在一个交流活动中不同符号模态的混合体，同时也可以表示不同的符号资源被调动起来，在一个特定的文本中构建意义的各种方式。人们根据传统，习惯地认为副语言的图像、颜色和动作等符号在现代社会交流中已不再处于辅助位置，而是正在和文字符号一起形成一种更为宽泛的符号资源，共同参与意义构建。

以英国的法尔克劳、冈瑟克雷斯、美国的吉和澳大利亚的卡兰齐斯等为代表的新伦敦小组于 1994 年首次提出“多元识读能力”。这一概念的提出有两个重要的起因：一是通信渠道和媒体的多重性；二是文化和语言的多样化。此外，这一概念的提出基于两个假设：一是人们通过一系列不同的符号进行交流；二是每一种符号在表达意义时都显示出与语言相似的规律性。新伦敦小组提出在新媒介的超文本时代，意义的构建模态包含语言、视觉、听觉、姿态、空间五个方面。后来，新伦敦小组的多模态信息交流方式具体被划分为 5 种构成成分。①语言成分，如词汇隐喻、结构、情态等。②视觉成分，如颜色、视角、矢量、前景、背景等。③听觉成分，如嗓音、音乐、音响效果等。④姿态成分，如行为、感受、身体控制、情感、动作等。⑤空间成分，如生态空间、几何空间、建筑空间等，并指出与之相对应的解读能力便是社会群体的多元识读能力。胡壮麟教授认为，多元识读能力包含文化识读和技术识读。文化识读用来描写语言、文化多样性及对其变异尊重的能力；而技术识读也就是多模态识读，指参与者能在信息环境中学习、工作并构建意义等①。

传统以语言为中心的读写认知能力，因只涉及读和写的个人认知行为，而忽视了除语言文字外其他模态系统对意义构建和信息交流的贡献，已不能适应以多元文化渗透和信息技术飞速发展为特点的新媒介时代。多模态化教学作为一种全新的教学理念，主张利用网络、图片、视频、音频媒体、角色扮演等多种渠道和多种教学手段来调动学生的多种感官协同运作，这种语言学习方式已经成为21世纪新媒体教育时代的主流。在超文本时代的高校英语教学中，因多媒体和网络教学平台的不断开发，多模态化也日趋明显。课堂教学中演示型课件的呈现、视频或音频的应用，以及网络教学环境中师生或生生地在线互动等多元信息的表达模态都对信息的接受者提出更高层次的多元识读能力的要求。

第二节　多模态课件中的逻辑媒介

在多模态话语时代，交际的模态不应局限于语言和一些与语言相关的非语言模态，如手势和腔调等，而应扩大为多种模态，包括图像、音乐、空间布局、投影、网络等，并在一定的规则和教学策略下将各种模态有效地组合为一体。多模态课件的开发是各种模态和模态组合的运用，是教学活动中辅助教学信息传递的手段。在多种多样的符号体制中，各符号资源既继承了符号的意义共性又有着不同的表现形式和系统规则。在多模态课件的开发中应关注两个问题：一是模态的符号特征，对不同模态在意义感知和构建中的贡献进行清晰地描述；二是各模态间的关系，建立跨模态关系的组合框架。

一、视觉模态的逻辑媒介

在英语教学活动中，多模态课件通过各种视觉媒体符号同视觉感官互动来传递教学信息。在所有的感官中，视觉的感受能力最强，是人类获取信息的主要通

① 姜毓锋．基于多模态话语理论的英语教学模式构建[M]．北京：北京理工大学出版社，2015．

道。实验证明，人类获取信息的过程中，有 83% 的信息获得依靠视觉，视觉符号能直观地呈现信息传递的对象、过程及结果。文字、图片、图表、视频等视觉媒体作用于学生的视觉感官，通过视觉感知，由视觉通道进入其记忆系统进行加工和意义构建。

视觉媒体，即作用于视觉感官的信息编码手段，包括文字、图片、图表等。文字是一种概括性极强的视觉媒体，由字符组成的字符序列是使用最多的一种媒体符号形式；图片是一种直观的、形象化的视觉媒体，相较于文字，更易于记忆和回忆；图表可以直观地呈现统计信息；视频是连续的图片，当画面每秒超过 24 帧时，根据视觉暂留原理，人眼无法辨别单幅的静态画面，就产生了连续的视觉画面效果，视频可以直观、形象地再现事物的多维度细节。图文关系是多模态符号学必须关注的问题。从人类语言的“物种发展”来看，早期的文字和图像有密不可分的“同祖”关系；从人的个体语言发展来看，儿童早期的书面语发展会经历由文字逐渐代替绘画的过程。现代社会多模态复合话语中图文关系的复杂程度远远大于“相似性”文字和儿童的图文作品。从社会符号学角度来看，图像不只是有赖于文字的诠释，它和语言一样，对社会现实和心理现实既具有再现作用，又具有重构作用，图像也具有替代文字说明的功能，如词义的解析、语言情境的创设等。例如，当学生接触到以“9 · 11”为背景的文本时，课件的设计可以在背景导入模块部分插入“9 · 11”情境再现的视频片段，借助视频、音频和电子文本（字幕）等多媒体与学生的听觉、视觉双通道的多模态互动输入背景知识，有助于其认知的情景化，有效地帮助学生构建知识。

二、听觉模态的逻辑媒介

听觉媒体作用于学生的听觉感官，通过听觉通道传递教学信息，这种互动形态被称为听觉模态。音频指人们能够听到的所有声音，通过计算机上的声卡录制、储存声音，而储存下来的音频文件通过一定的音频程序再现；按其用途划分，音频可以分为语音、音乐及音效等。语音，即语言的声音，是语言符号系统的载体。教师通过教学内容的音频格式作用于学生的听觉感官，呈现第二语言的内容及情境，一方面有助于学生二语信息的听觉输入及二语语音听觉的敏感性，从而提高二语听力能力；另一方面通过母语者语音输出与二语者语音输出的比对及进一步的模仿，为语言的下一步输出提供基础。音乐是在多模态课件中借助于音乐产生共鸣的特性作用于学生听觉感官的一种信息互动形态。在人类还没有产生语言时，就已经知道利用声音的高低、强弱等来表达自己的意思和感情。随着人类的发展，逐渐产生了统一劳动节奏的号子和相互间传递信息的呼喊，这是音乐的雏形。效果音有着信息听觉指向及导航的作用，可以引导学生的注意力集中到重要的或者是新的信息上；效果音可分为自然界的声音及人为创造的声音两大类，自然界的声音包括风、雨、流水、鸟鸣声等；而人为创造的声音包括电铃、汽车、马达声等。有些音效可以从自然界取得或现场收音，有些可以人工合成。例如，在英语教学课堂上讲解一篇涉及父子情感的文本时，在课件的设计上可以插入以父亲为主题的音乐“Dance with My Father”，一方面可以使学习者产生共鸣，将注意力转向即将开始的文本的主题；另一方面还可以进一步通过歌曲中词汇的填充，达到学习资源补充的目的。

三、动觉模态的逻辑媒介

动觉模态是指调动学生的触觉及动觉感知教学信息的互动模态，除了视觉及听觉通道接收信息外，学生还可以通过动觉来参与完成对教学信息的学习。多模态课件中的各种交互都需要通过学生的触觉感官来完成，而随着信息技术的发展，触觉及动觉感知的学习互动模态逐步成为多模态课件开发中的重要元素。计算机的发展经历了从文本到图像、音频和视频，再到以虚拟现实为代表的 3D 媒体的过程，其中虚拟现实技术是指用计算机生成逼真的三维视觉、听觉、触觉等感觉世界的技术，将学生引入与真实世界相对的虚拟空间。位于发展前沿的增强现实技术也被初步尝试着用在课件的开发中，用以实现教学课件的多感官互动，即多模态化。增强现实，也被称之为混合现实，它通过计算机图形学和视觉技术，将虚拟的信息应用到真实世界，即真实的环境和虚拟的物体实时叠加到了同一个画面或空间中，是现实和虚拟的融合和实时的交互，学生可以看到承载在媒介上内容的三维形态，由此有助于建立师生或生生合作式的教学互动。

相对于正在开发应用中的增强现实技术，虚拟现实技术已经可以很成熟的应用于课件的开发中，向学生提供视觉、听觉、触觉等多种感官刺激，使学生有身临其境的沉浸感，并且学生能够与虚拟世界中的对象进行交互。

四、逻辑媒介的组合关系

多模态课件的设计集合了多种媒体符号的组合，如文本、图片、图表、音频、视频等。多媒体并不只是媒体间的简单相加，而是需要遵循一定的原则来设置的。

美国加州大学圣巴巴拉分校的教授迈耶坚持以学生为中心的多媒体设计取向，强调如何利用多媒体技术来促进人类学习，而不仅是利用最新技术促进信息的传播效率；同时，他还认为多媒体学习是知识构建的过程，学生是主动的意义建构者，而不是简单的信息接收器。

迈耶及其同事组成了由认知心理学家、教育技术专家和计算机科学家在内的多学科团队，在近 20 年中针对多媒体学习开展了大约 100 项实验研究，提出了多媒体学习的认知理论，其中包括三个假设及五个步骤：三个假设是双通道假设（人们对视觉表征和听觉表征材料拥有单独的信息加工通道）、容量有限假设（人们在每个通道上一次加工的信息数量是有限的）和主动加工假设（人们为了对他们的演讲建立起一道的心理表征会主动参与认知加工）；五个步骤是选择相关的文本、选择相关的图像、组织所选择的文本、组织所选择的图像及整合基于文本和基于图像的表征，这些为多模态课件的开发中媒体的组合关系提供了指导原则。

（一）多媒体认知原则

多媒体认知原则是针对改进单一媒体认知观提出来的，它认为学生通过文本和图片进行学习比仅仅通过文本学习效果好，应该用文本和相应的图像呈现教学材料，而不是只用文本呈现教学材料。在显示图片的同时，也应附有相应的文字说明，以揭示主题，这样比直接呈现文本效果好。

（二）空间接近原则

如果屏幕上出现相关的文本和画面，那么屏幕上相关的文本与画面临近呈现，比隔开呈现更能促进有意义的学习。教师应设计多媒体课件时，应尽量避免文字和画面两者分离带来的注意分散；如果可以，最好把描述图表的文本整合到图表之中，减少学生因对图表意义进行不必要的猜测而带来的额外认知负荷。页面设计采用文本和图画临近方式进行呈现效果更好，而不是在两个页面上分别呈现图片和解释文本。

（三）时间相邻原则

时间相邻原则是指语言材料和视觉材料在时间上同步呈现的原则，该原则有利于促进学生的学习。记忆的编码理论认为，当学生能够同时在视觉工作记忆中保持一个视觉表征而在语言工作记忆中保持对应的语言表征时，意义学习就得到了强化。在遵循这一原则进行设计视听说教材时，音频文本应尽量采取与画面同步的字幕方式显示。例如，阅读课件中的课文时，可在画面呈现的同时，由系统边朗读边显现所读之处的内容，学生边听边看，这样输入的意义将得到强化，而不是所有文字全部呈现，再呈现朗读音频。

（四）一致性原则

一致性原则是指排除无关的词语、画面、声音和功能按钮，学习效果会更好的原则。在多媒体课件中，呈现的材料种类、内容和性质如果保持一致，能激发学生使用已有的认知资源去获取和加工学习材料，其学习效果将更好；相反，加入无关信息会阻碍这种意义构建的过程，造成认知资源分配不够集中的现象，降低学习的效果，有时候也会显得过于花哨。如果课件中呈现全部的讲解，同时，加入图像、视频、按钮、热区等多项元素，会造成主次不分，容易使课件内容杂乱无章。

（五）冗余原则

冗余原则指呈现的语言信息量要适度，对信息的编排方式要适当。由于处理冗长文字和图表会给工作记忆增加认知负荷，整合包含多余或重复信息的学习材料并不可取。此外，相同的信息多次或重复呈现时，学生的学习效果较差。例如，由动画加解说组成的呈现方式，比由动画加解说再加关于操作全部过程构成的屏幕文本组成的呈现方式更能使学生学得更好。也就是说，有了动画和解说之后，屏幕上的文本就变成了冗余信息，如果去掉屏幕上的文本，学生的学习效果会更好。

（六）个体差异原则

个体差异原则指多媒体教学设计及界面设计应该充分考虑学习者的个体因素，包括学生的学习策略使用情况、智力、学习风格、自主学习能力、焦虑状况，甚至个性特点等个体差异都应适当考虑，设计效果的好与坏对知识水平低的学生的影响要高于对知识水平高的学生的影响，对空间能力高的学生的影响要弱于对空间能力低的学生的影响。也就是说，对知识水平和空间能力相对比较低的学生，教师在课件设计上要进行更为精细的设计，从各个角度来提高学生的学习效果。

第三节　多模态课件的模态选择原则及学习

一、多模态课件的模态选择原则

在探讨多模态课件模态的选择时，我们首先要考虑一个问题：为什么人类在交际中会用多模态。是为了有趣？还是生理和心理的自然表现的结果？还是因为一种模态不能或者不能充分地表达交际者的意义？可能两种情况都有，但最主要的应该是后者，即一种模态的特征不能很好地体现交际者要表达的意义，选择多种模态相互配合可以更好地完成交际任务。也就是说，多种模态相互补充、相互协同，共同体现交际者需要表达的意义。多模态课件的模态是信息经由多种逻辑媒介编码，通过与学习者感官的交互传递信息的形态。课件的开发之所以会用多种逻辑媒介、多模态互动形式，也同样是因为虽然每一种模态都可以是自足的，但是一种模态很多时候不足以充分表达意义，或者不足以让学生构建意义。换个角度说，随着多媒体技术的发展，人类的多模态话语交际可以通过多种逻辑媒介得以呈现，这在意义的建构上要优于传统的单一模态的认知。

模态选择的原则是以模态选择的动因为基础的，教学课件模态的选择是在最优化和最简化的矛盾中进行的。但从两者的先后顺序上讲，最优化原则是首选原则。模态的选择涉及最佳搭配问题，不是完全自由的、随意的。一方面，从经济的角度来讲，理论上每一种模态是可以自足的，如果能用单模态解决的问题，就没有必要选择多模态；另一方面，从模态间配合的角度来讲，如果不同模态产生矛盾、相互抵消、相互无关、互不衔接等现象，就会降低教学效果，从这个意义上讲，模态的选择要以增加正效应为原则。在总的原则指导下，具体可分为相互联系的几个原则：有效原则、适配原则。有效原则和适配原则都有自己的次级原则，有效原则的次级原则包括工具原则和引发原则；适配原则的次级原则包括强化原则、协调原则、前景背景原则、抽象具体原则。

（一）有效原则

有效原则表示选择任何一个模态都要以取得更好的教学效果为前提，避免无效使用某个模态，或者其所产生的负效应等于或者大于正效应。有效原则有自己的次级原则，包括工具原则和引发原则。

1. 工具原则

工具原则指在教学中，多种媒体和模态互动为教学主程序提供新的途径和可利用的工具。在传统的英语教学中，由于技术条件限制，教师很难创设真实的交际语境，用角色扮演虽然比一般的模拟要有效，但由于没有环境的支持，学生感受不到实际语境的存在。现代多媒体技术及网络平台的发展为多模态话语交际提供了新的途径，图片、音频、视频等作为意义表达的工具，为教学课堂提供了背景情境的创设、交际语境的模拟、师生或生生的互动等方面的内容。此外，发展现代多媒体技术的一个最基本的理念是多模态交际可以使受话人通过多通道获得信息，比单模态话语更容易使受话者理解和记忆。

2. 引发原则

引发原则是指多媒体技术还可以从内部提供动力，即通过前景化或者任务设置激发学生的学习动机。例如，通过课件中的各种编码手段使部分内容前景化，引起学生的注意；或者通过任务的设置激发学生的学习动机。例如，在英语教学中，单词的讲授可以借助任务的设置来实现，即调动学生的视觉、触觉等感官互动，从而激发学生的学习动机。

（二）适配原则

适配原则表示选择不同的模态时，要考虑不同模态之间的相互配合，以获得最佳搭配为标准。适配原则的次级原则包括强化原则、协调原则、前景背景原则、抽象具体原则。

1. 强化原则

强化关系指在多模态选择中用一种模态来突出另一种模态所表达的信息或者部分信息。这就是说，用两种或者多种模态参与教学的目的不是让它们提供更多的信息，而是让第一种模态表达的信息更加突出。例如，在为学生呈现单词时，可选择多种逻辑媒介形式来强化接收者对信息的理解和记忆。

2. 协调原则

协调关系实际上是运用多模态最有效的教学方式，也同时反映了社会交际的基本特点，即人类交际不是只通过语言一种媒体进行的，而是运用可以利用的各种媒体进行的。利用多模态之间的协调性，就是还原人类社会交际的本来面目，即一种媒体不能独自完成的交际任务可以由其他媒体来补充。例如，在教学中如果我们只是用文字媒介来呈现“Franklin Stove”，接受者会很难解码并构建这一信息的意义，这时就可以借助其他媒体形式进行协调。

3. 前景背景原则

选择多模态教学的依据之一是语言交际中的前景和背景的关系。语言交际都是在一定的语境中进行的，即每一个交际事件都有一个背景。在英语教学中，语言交际显然都是处在前景中，由其他模态提供背景。例如，在戏剧的开始，首先出现一个布景，提供事件发生的时间、地点、环境，还可以包括人物等，如提供学习者信息内容的发生地点。

4. 抽象具体原则

语言交际都遵循经济的原则，如果用笼统的话语可以实现交际目的，就不会把具体的信息再讲出来。同时，语言也具有一定的局限性，对于纷繁复杂的现实社会，语言无法把所有的意义都表达出来，而只能选择一些最相关的部分，这就使读者通常对所讲的内容一知半解。在多媒体时代，教师可以通过选择适合的媒体来提供具体的信息，从而使学生能更清楚地理解其所学的内容。例如，通过具体的图像媒介来补充并呈现一些抽象的文化概念。

二、多模态课件辅助的多模态学习

现在我们来剖析基于计算机多媒体材料的多模态学习。计算机多媒体材料包括：数字化文字材料、图片、图表、音频、视频、动画等。人与计算机多模态互动的感官包括：视觉、听觉、触摸、发音器官等。计算机多媒体与多模态互动学习从输入到产出之间的模态搭配和学习效果的关系，是一项亟待深入研究的课题。

传统的书面文字教材属于逻辑媒介意义上的单（或多）媒体材料。纯文字的则为单媒体，配有图片、表格等的则为多媒体。用视觉去获取文字图像等多媒体信息是单模态的学习。假如这种学习的目的是取得对信息的理解，那么在输入和产出之间没有发生模态的变化，用英语教学的术语说，从视觉阅读到大脑理解没有发生模态上的改变。我们把在输入和产出之间没有发生模态变化的学习称之为“同模态学习过程”。假如从视觉阅读到大脑理解还不是学习的最终目的，还要求学生把所学内容用语音说出来，如口语复述，这时，学习的过程就不再是同模态，而是发生了模态转换，即从输入的视觉模态转换成发音器官运动模态和听力模态。恰当的模态转换可以增强学生对所学内容的内化度，提高内容记忆的持久性。在同模态的情况下，输入方的信息对于产出方来说是同质的；当模态发生转换时，输入方的信息对于产出方来说是不同质的，学生要调用个人知识图式中的相关资源，同时启动新模态。这些模态都要学生启用大脑已有的资源，把外来的新信息跟已有的个人知识进行联系，从而使其起到强化学习效果的作用。

人类的各种模态之间的互相支持是符合人的交际活动特征的。通过视觉与视频模态进行学习，具有直观性和体验性，学习效果比起其他模态来说是事半功倍的。当视频记录的是人类活动时，观察者是不需要专门培训就可以互动学习的。直观体验性学习往往是暗学习，儿童习得母语口语可以说大部分都是通过暗学习方式习得的。通过视觉与视频模态进行互动的直观性、体验性的学习是技能类学习的关键学习方式，通过视觉模态跟文字互动去学习技能是付出大而收获小的学习方式。把数字化文本放到计算机上让学生学英语是对计算机硬件资源的最低级使用。通过数字化文本去学口语涉及模态的转换，作为初始学习资源是不适合的，这是对脑力资源和媒介资源的浪费。同样，用视频材料仅仅为了增加趣味性是对高级多模态资源的低级使用，也是一种浪费。恰当地处理好多媒体资源与多模态的输入与产出之间的关系，是对计算机辅助教学的优化。

认知主义心理学研究“学习”时，特别强调研究记忆力的重要性。勒弗朗索瓦在回顾这方面的研究成果时指出，在认知主义心理学里，研究记忆力成了研究学习的另外一种方式。他写道：“There will be no evidence of learning without something having happened in memory; be the same token, something happening in memory implies learning.Studying memory is, in effect, another way of studying learning.”①

多媒体、多模态学习比单媒体、单模态学习更能增强记忆力。勒弗朗索瓦将记忆力分为三大类。第一，感官记忆：感官下意识获取的信息，如不加注意，瞬间即逝。第二，短期记忆（工作记忆）：大脑的注意力在有限范围内所能处理或存储的信息。第三，长期记忆：影响记忆力的因素很多，其中注意力可以说是最重要的，感官记忆如果没有注意力则是瞬间即逝的，即使相隔时间很短也是无法回忆起来的。短期记忆力实际上就等于注意力的活动范围。

研究发现记忆力与获取信息的模态有关系。迈耶细心研究了词语加上图像的“多媒体学习”。他构建了从感官记忆到工作记忆再到长期记忆的一个认知学习理论。他指出工作记忆是多媒体学习的核心区。工作记忆分为两小部分，感官记忆（耳朵和眼睛）输入进来“原材料”，工作记忆区构建关于原材料的知识（相

① 陈坚林．信息技术与英语教学研究：理论构建与实践探索[M]．上海：上海英语教育出版社，2011．

当于理解后所产生的意义)。工作记忆在做这些处理时要从长期记忆里调用必要的知识。迈耶的研究试图证实词语加上图像一起学比单学词语要学得好一些。从学习与记忆的关系来看，多模态有助于记忆能力的提高，这一点已经被神经科学和视觉研究所证实。根据戴尔的研究，人一般能记住“10% 读到的，20% 听到的，30% 看到的，50% 看到和听到的，70% 说的，90% 说和做的”①。虽然该研究并没有明确交代研究对象等研究背景，也没有论证在其他因素干扰下是否会产生相同的效果，但起码可以说明，多模态教学的效果通常优于单模态教学。

三、多模态课件开发的建模

课件开发是一项系统工程，从软件工程角度来讲，课件的开发应包含课件分析、课件设计、课件实现、课件测试及课件维护等过程，这里我们主要介绍相关的课件分析和脚本编写部分。在进行课件开发时，首先要对课件进行分析，分析的内容主要是需求分析、内容分析和资源分析。需求分析，是看该课件是否符合学生学习的需要；内容分析包含两方面的含义：教学内容和教学策略；资源分析是考虑课件开发的客观可行性。

多模态学习理论认为学生在一定时间内的认知能力是有限的，因此，过多的信息容易导致学生的认知过载，从而降低学习效果。课件在制作之前，必须对教学对象、教学内容、教学策略、教学环境进行分析。模态的选择要充分考虑教学内容涉及的领域（话语范围），包括教授的课程的内容和体裁；充分了解学生的情况，以及学生与教师的关系（话语基调），如授课教师和学生的基本特点，包括他们现有的知识结构、兴趣、能力结构等；另外还要考虑教学的条件和场所等（话语方式），如设备条件、教学环境、传播渠道等。教学对象的年龄和受教育程度（专科生、本科生、成教生、研究生等）、专业背景等因素都可能使其存在学习动机、经验知识或学习能力上的差异从而导致其认知能力上的差异。教学内容的分解、逻辑联结、教学策略等因素都可能会影响学习者对知识的意义构建。

（一）感知风格与多模态课件设计

影响感知学习风格的要素很多，不同的研究者对感知学习风格的分类也各有

① 姜毓锋．基于多模态话语理论的英语教学模式构建[M]. 北京：北京理工大学出版社，2015.

不同。信息加工理论从学生认知通道偏好角度，根据个体在接受和保持新的信息时所偏好使用的感官方式，将学习风格分为视觉型、听觉型和动觉型三种类型。例如，有些人能够很快地识记文字、图表等视觉形式的内容，而另一些人则对声音、语音等听觉信息特别敏感。学生对某种学习材料特殊的敏感性，意味着他们获得和加工某种特定呈现方式下的信息更具优势。首先，视觉型学生的最大特点是喜欢通过视觉刺激感知外界信息，往往这一类型的学生喜欢通过图画、图像、图标、文字、录像等获取和接收信息，这样效果更佳。他们善于从视觉材料中发现其中的很多关系，但是对于没有视觉辅助的讲座或者音频就感到很难理解，容易混淆。其次，听觉型学生的最大特点是喜欢通过听觉刺激接收外界信息。这一类型的学生喜欢听讲座、听音频、口头互动等，通过这种方式他们能较容易地获得较好的学习效果，但是他们对于书面呈现的材料却容易搞不清关系。最后，动觉型学生最大的特点是很喜欢通过直接的感官刺激和自己的肢体体验来获得信息，如喜欢走动、说话时表情很丰富、爱打手势。他们喜欢亲自体验事物，或者学习时边看边写，所以对于这种类型的学习者最好让他们多进行活动参与。

媒体界面设计过程中，常采用超文本形式组织教学信息，将图、文、声、像等不同逻辑媒介的信息整合，构成一个丰富生动的超媒体学习环境，教师可以根据学生情况有选择性地展开学习内容和学习策略，从而极大地提高学生的学习动机。多媒体课件的结构是多媒体内容信息的组织方式，即将教学内容结构化，它定义了课件中各部分教学内容的相互关系及其发生联系的方式。传统教学内容的信息组织形式都是线性的，即学生按顺序接收信息，从一帧到下一帧。而人类的记忆是网状结构的，联想检索必然对应不同的认知路径，按线性结构组织的信息客观上限制了学生的联想能力。现在，多媒体教学课件的信息结构越来越多地采用非线性的超文本方式，即一种类似于联想记忆结构的非线性结构来组织信息，信息没有固定的顺序，也不要求学生按顺序获取信息。在对导航链接进行设计时，应能实现从不同角度呈现同一内容的结构关系，并能以全局或者局部视图的方式显示各层级学习内容之间的链接关系，从而使学生能清晰地把握界面的内容结构，从而根据自身的感官风格选择不同逻辑媒介的超媒体链接，通过不同的模态互动达到更有效的信息感知和意义建构。

（二）认知风格与多模态课件设计

认知风格是学习风格的重要组成部分，指个体信息加工的方式，即个体在感知、记忆和思维过程中如何与学习环境相互作用并对之做出反应的相对稳定的学习方式。它的研究模式主要有：场独立型和场依存型、分析型和综合型、审慎型和冲动型。其中，影响最大的是美国心理学家威特金提出的场独立性和场依存性的认知方式。一般认为，在信息处理方式上，场独立者不易受外界干扰，能借助视觉线索或直觉顿悟、洞察事物间的关系。相反，场依存者易受外界因素干扰，倾向于以外部参照为心理活动的依据。在语言学习中，场依存者属于感性型，这种风格有利于提高其口头语言交际能力，也比较容易获得自然语言输入。而场独立者则在语言学习的高级阶段，特别是阅读与写作方面表现得较为突出。

测试学生的认知风格，以此来研究他们使用多媒体的学习效果。结果表明，多媒体不仅是有效的教育工具，而且是认知工具，它适合于不同认知风格的学习者。通过调查多媒体教学环境中学习风格与学习策略的关系，发现场依存者比场独立者需要更长时间来认识课件及课件呈现的内容，而且他们对软件或课件的依赖性较强，使用频率也较高；在学习中，他们更多地依靠视频信号呈现的文本内容及整体性特征。他们认为多媒体语言学习环境最重要的特征是多样性与灵活性，建议软件或课件设计者应该为不同类型的学生设计出多样的、相关性较强且丰富的标识。多媒体的链接结构被分为五类（线性、分层、分层连想、联想、随机），旨在调查不同类型学生的表现，结果发现无论环境是五类形式中的哪一类，场独立者均比场依存者表现好。

多媒体计算机作为一种认知工具，既能支持和拓展学生的思维过程，又能帮助他们建构认知模式。一方面，它可以是学生的任务表征工具、知识建模工具、信息收集工具、评价工具等；另一方面，它的交互视频能把学生的认知模式与真实世界联系起来，使学生建构和分析情况，特别是建构社会情境的认知模式。利用多媒体学习的过程是在学生控制下动态地呈现结构和程序关系的过程，学生可以利用这些结构和程序关系去建构和修改自己的认知模式。多媒体中的超级链接能使学生建立起文本与其他表象形式的联系，并在此基础上建构意义。此外，多媒体所提供的外部学习环境是非线性的，它能把文本、图形、动画、声音等信息结合在一起，完成一系列的信息交互，并能及时提供各种反馈，这改变了传统的循序性的学习模式，使学习内容以一种更灵活、更具变化的方式呈现出来。这种方便性与灵活性能根据学生的需要、兴趣、任务要求、偏爱及认知特征提供不同的信息表现形式。

首先，场依存者需要更多的技术支持和教师的帮助，而场独立者则要自己解决困难；但是在完成较复杂的学习任务时，两者均需要不同程度的额外帮助。因此，多媒体课堂系统要为场依存者提供清晰的和大量的指导，为他们提供“先行组织者”，以帮助他们建立结构图式，这有助于他们理解新概念、新知识；而对场独立者则应提供少量的指导，并为他们提供概要性的“事后组织者”，以支持其新知识的建构。其次，多媒体课堂设计应具备程序控制和学生控制功能。场依存者喜欢程序控制，它能为学生确定学习目标和强化知识，能有针对性地指导学生学习；而场独立者则更喜欢学生控制，它只为学生提供菜单，学生可以选择任意顺序学习，并且自己确定学习目标和强化方式。最后，可充分利用场依存者的好奇心和积极的态度，及时提供最大范围的信息反馈。反馈的呈现方式应该具有明显的标识和组织性强的提示。对场依存者来说，多媒体课堂设计要体现整体性原则，呈现的信息具有从概括到具体的特征；以程序控制为主，提供“先行组织者”，提供最大限度的指导；建立及时反馈系统，提供图表式路径；提供结构性的课程；提供社会交际环境。对场独立者来说，课堂设计应具有以下特征：分析性原则；提供的信息具有从具体到概括的特性；学生控制；提供少量指导，提供很少的反馈；鼓励学生发展自己的结构，提供一定的个人学习空间。此外，提供丰富的学习资源对两者均有意义。

（三）课件开发的脚本与角色建模

在课件开发过程中脚本的地位非常重要，它是在教学设计的基础上，描述计算机与学生交互方案设计的详细报告，是课件制作的直接依据。课件的脚本包括文字稿本和制作稿本两种。

文字稿本是按照教学过程的先后顺序，描述每一个环节的教学内容及其呈现方式的一种形式。文字稿本通常以卡片为单位编写，之后以卡片为基础的文字稿本被改编为制作稿本，每一张卡片对应一帧画面。卡片式文字稿本一般包括序号、内容、媒体类型及呈现方式等内容，如果是测试型课件，则卡片内容包括序号、题目内容及反馈信息等（图 5–3–1）。

序号	内容	媒体类型	呈现方式

序号	题目内容	反馈信息

图 5-3-1　文字稿本

制作稿本是在文字稿本的基础上按照软件系统设计的要求进行描述，即将文字稿本改变成适合计算机实现的形式，完成课件交互式界面和媒体表现形式的设计。它告诉课件制作者如何制作课件，给出具体的制作要求，包括界面的元素和布局、画面的显示时间及切换方式、人机交互方式、色彩的配置、文字信息的呈现、音乐和音响效果及解说词的合成、动画和视频的要求，以及各个知识点之间的链接关系等。课件制作脚本的编写包括软件的系统结构、主要模块的分析、软件的屏幕设计、链接关系的描述等内容，直观地将屏幕外观设计、各元素的内部链接关系和人机交互机制表达出来（图 5–3–2）。

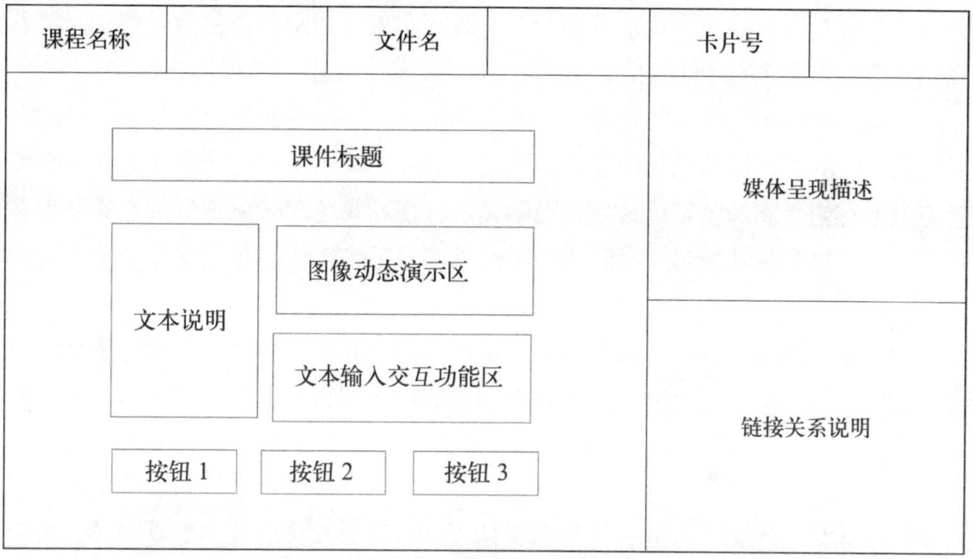

图 5-3-2　脚本卡片样例

顾曰国根据认知心理学对多媒体辅助的多模态学习提出用角色建模语言对多媒体、多模态学习进行结构化数据建模。用角色建模语言来构建学习行为模型可应用于多模态课件的设计开发及计算机模拟中。学习行为的模型就是对真实的学习行为进行抽象，即三个基本角色被用来搭建学习行为的模型框架：第一，外部环境互动角色，用信息获取角色表示；第二，大脑对外部环境互动角色所获取的信息进行处理，用意义构建角色表示；第三，学习效果的外部行为表现，用实践能力角色表示。每个基本角色都有各自的子角色。

信息获取角色的子角色有：视觉角色、听觉角色、触摸角色、嗅觉角色、味觉角色、空感角色（对空间距离的感知）、身体效仿角色等。意义构建角色，指角色模拟的对象是人脑对外部信息的处理。库柏和惠肖指出，视、听、触、嗅、味五个感官更准确地应该被称为“五个模态”或“五组感官”。每个模态有各自的子模态。模态的感受器有的是外感受器，负责处理与外部互动时进来的信息；有的是内感受器，负责接收和处理来自身体内部的信息。各个模态在大脑里有各自的首要专区分管，有的还有次要区域协助。实践能力角色的子角色包括传统的听、说、读、写、译五项技能，还包括当面交流互动时的体态语等。由此，我们可以得到听能力角色、说能力角色、读能力角色、写能力角色、译能力角色、体态能力角色这几个角色。

假定课件中需要插入一个视频片段。用角色建模语言思考和解决这个问题我们可以先从教授者的视角构建三个角色：教师角色、视频角色和学生角色，接着我们考虑三者之间的互动关系。

首先，教师角色与视频角色之间的互动关系——这是教学内容与教学目的之间的关系；其次，视频角色跟学生角色之间的互动关系——这是多媒体内容跟多模态学习行为之间的关系；最后，教师角色、视频角色和学生角色三者的同步互动关系——这是教师教学过程和学生学习过程通过多媒体、多模态互动发生的动态关系。

角色建模语言里有两个最基本的角色：人角色和非人角色。人角色用来建模人类的行为。人类行为以外的所有其他角色的行为都用非人角色来建模。上面的教师角色、学生角色是人角色，其余的是非人角色。所有角色都有两个基本属性：特征和行为。特征指参与互动时所激活的要素。行为分为两个最基本的类型，即自发行为和引发行为。自发行为是角色始发的，没有直接的外部力量引导，在现实世界中人和动物是可以产生自发行为的。引发行为是行为者对外来行为做出反应的行为。

以教师角色与视频角色之间的互动关系为例。这两个角色互动时教师具有的一般特征如性别、年龄、工资等是不参与互动的，要激活的特征是由互动的目的决定的。教师角色是始发行为者。教师所具有的“意愿”“教学策既”“教学理念”等特征需要被激活参与互动。教师用视频片段来教学，如强化口语教学成为互动的目的。视频角色对教师角色的互动行为要做出回应，这就是它的引发行为。它也有特征，同样是由互动的目的所决定的，如展示包括场景、人物、活动、长度等特征的声音和动态的图像。由此，构建了教师角色与视频角色的互动视图（图5-3-3)。教学过程的结构化数据建模完成后，就可以转换成计算机应用程序。

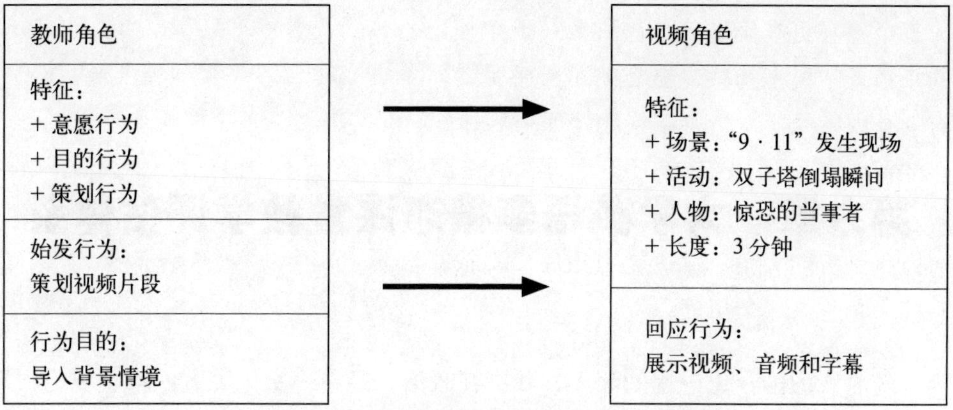

图 5-3-3　教师角色与视频角色的互动视图

第六章　大学英语多模态课堂教学评估体系

随着我国国际化进程的深入，我国在政治、经济、文化等方面都呈现出国际化趋势，对英语人才的需求也日益增加，这就要求大学培养出更多的适应新时代要求的合格毕业生。为了达到这一目标，就需要我国进行全面的教学改革。然而，当前我国大学教学改革的重点主要集中在教学上，成了完全为了教学改革而改革教学，对于教学评估的方式和制度的改革被忽略。教学评估对提升大学生素质是不可或缺的，对大学英语课程教学也起着非常重要的作用。对我国大学英语教学评估状况做基本的概述与评价，使之能够反馈于教学，对于培养大学生良好的英语学习习惯与激励学生进行自主英语学习有着非常显著的意义。本章主要介绍了大学英语教学评估现状、大学英语多模态课堂教学评估体系的提出、大学英语多模态课堂教学评估体系的构建。

第一节　大学英语教学评估现状

一、英语教学评估概述

教学评估有两种，分别为广义上的教学评价和狭义上的教学评估。广义上的教学评估涵盖的影响因素范围很广，对一切影响教学活动的因素的评估都可以称为广义教学评估。狭义上的教学评估是指对教师的教学过程进行评判，看其课程是否符合教学目标，教学结果是否符合预期等，并指出其教学过程中的优缺点，进行合理的评价。换句话说，教学评估除了可以收集教师的教学信息并对其进行分析，还可以了解学生的实际学习情况，使教师及时调整教学目标和手段，因材施教。

教学评估是教学过程的重要组成部分，进行有效的教学评估，不仅可以帮助教学顺利进行，为其提供反馈，有助于教师及时改进教学方法，还可以帮助学生认清自己的实际学习情况，改进学习方法，是所有有效教学与成功教学的基础。

（一）英语教学评估的目的

有效的教学评估最终要达到两方面的目的：第一，学生应从教学评估中得到有益于自身学习的反馈；第二，教学评估要为教师及其所在学校提供教学方面的有益资料。英语教学评估是用来检验一定时间段内的英语教学效果、诊断英语教学问题、提供反馈信息、引导英语教学方向和调控英语教学进程的方法。

教学评估中最重要的职能就是测量和评定教学效果。英语教师的教和英语学生的学都需要通过英语教学评估来验证。教学评估的过程，就是英语教师了解自己英语教学的过程，在这一过程中，英语教师可以检验自己是否达成了教学目标，教学方法和手段是否适用于学生，是否将教学的重难点清晰地讲授给学生，并且还会有效地了解学生的学习状况，及时发现教学过程中存在的问题并加以解决。教师的教学目标、学生的学习方向、学习重点都受评估内容和评估标准的影响。教师在以上环节的基础上，要把控教学方向和速度，根据教学状况和学生的实际学习情况进行教学方向、目标、速度上的调整，使之与学生的学习配合得更好。

（二）英语教学评估的内容

《大学英语课程教学要求（试行）》指出，大学英语的教学目标是培养学生的英语综合应用能力，特别是听说能力，使他们在日后的学习、工作和社会交往中能用英语进行有效交际，同时增强其自主学习能力，提高综合文化素养，以适应我国经济发展和国际交流的需要。

（三）英语教学评估的实施办法

学生自我评估是学生认识自己和教师了解学生的一个重要渠道，它可以通过以下两种方式进行：第一，采用“学生英语能力自评／互评表”来评估，进行这项评估时要求要实事求是，以便学生深入了解自己的学习情况；第二，在学生刚入学或者每学期开学时，教师可以让学生根据自身情况写下学习目标和学习计划，并对此与学生展开定期或不定期的交流沟通，了解学生的学习情况，对他们予以指导，提高学生的学习积极性。让学生进行自我评估，教师可根据评估结果来深入了解学生，该部分内容不计入学期总成绩。

除了让学生进行自我评估，还可以采取学生间相互评估的方式，这可以作为学生自我评估的补充。教师在“学生英语能力自评／互评表”的基础上，视班级和学生的具体情况进行改进。例如，可以在表中添加关于学生的学习态度、学习积极性、课堂互动情况等方面的内容。让学生之间相互评估，并将结果反馈给每一位学生，以便学生进行改进。学生互评作为一种教学手段，可以帮助教师了解学生的学习情况，该部分内容不计入学期总成绩。

教师在对学生进行评估时，不仅要参考学生的自我评估和学生间的相互评估，还要考虑到学生平时的课堂表现，如课堂出勤率、参与课堂的积极性、作业完成情况等。教师对学生的评估要贯穿整个学习过程，是对学生学习情况的整体评价。

教师对学生的客观性评估是指平时小测验、期中和期末考试。根据英语教学改革的实际情况，每学期举办期中测试，目的是促进学生更好地掌握所学知识。

二、英语教学评估存在的问题

由于我国大学英语教学改革起步较晚，教学效果只能满足于应试教育，相应的教学评估也相对比较落后。为了适应新时代的要求，我国高校开展了大规模教学模式改革和教学评估改革，大学英语教学的质量在此次改革的影响下有所提升，也促进了英语教学水平的提高，但是我国当前的大学英语评价体系仍然存在许多问题。

（一）评估内容不全面

受我国传统的应试教育模式的影响，我国大学英语教学的评估模式仍然以考试为主，只注重对学生学习成绩的评估，而不能评估学生英语听、说、读、写、译的综合英语能力，这会对学生的英语综合能力带来消极影响并削弱大学英语教学的效果。现阶段我国高校的大学英语题型仍然以客观题为主，主要是词汇、语法、完形填空、阅读理解等，偶见主观题，未见能力题，更不用提考查学生英语语言能力运用的问题，也没有考查学生口语交际能力的相关内容，即使有些学校将口语交际作为了一项考试内容，但是并没有进行完全正规、系统的测试，久而久之这便成了形式主义，评估的核心内容不是综合运用能力而只是基础知识。听力能力的考核也流于形式，虽然全国性的英语考试（全国大学英语四、六级，英语应用能力等级考试和英语专业四、八级等）从分值上和题量上都体现了听力的重要性，却不一定能真实体现学生的听力能力。

不但如此，现阶段的英语考试采取学到哪儿考到哪儿的方式，一部分教师为了让学生通过考试而采取划定范围的方式：词汇主要出自哪个单元，语法重点考查什么，学生为找考试范围花大量的时间来背课后习题或是重点章节。这样一来，不论学生的英语基础差异性多大，在学习过程中有多大的提高，教师对学生的评价标准也是以简单的 ABCD 为衡量。这样一种“大统一”的考核方式对于教师来说是既省时又省力的，但是评估内容单一且受限，英语学生又会沦为为了英语考试而背诵英语的“哑巴”考试机器，而不是主动学习英语的应用型人才。这种评估方式不仅不能对学生的学习产生正向的引导，反之，还会削弱学生学习英语的积极性，对教师和学生形成错误指导。

评估方式的不全面，只会使教师忽视学生语言运用能力的提升，不注重其语言知识的学习，造成了教学为考试而服务的情形，这是我国英语教学评估以“大统一”应试考试为主要模式的后果。评估内容不全面，就会导致英语教学目标不能实现，无法培养学生的英语综合运用能力，使他们无法适应国家发展的需求。

（二）评估体系不完善

大学英语教学评估的主体应该是任课教师、学生和教务管理人员。基于现如今大学英语教学的相关硬件条件，可以看出，要想提高英语教学质量，就要注重提高教师的教学水平、管理人员的管理水平及学生的学习水平，并且这三者是相辅相成、互相促进的关系。但是现阶段的大学英语教学评估的实施者只是讲课教师和教学管理者，学生只扮演被评价对象的角色。所以，只有把“教学”“管理”和“学习”看成一个有机整体，只有教师严格教学，管理层严格管理，学生严格按照标准学习，才能使教学质量有所提高。

一个完整的大学英语教学评估体系应该是由“评教”“评管”“评学”三部分组成的。“评教”就是评估教师的教学质量，为进行这项评估，学校可以组建校督导组、院督导组和系督导组，以学生评估为基础，制定合理、完善的教学评估体系，以此为标准对教师的教学质量进行评估。“评教”的目的就是要提高教师的教学水平，以教学目标为标准，评估教师的备课、上课、辅导等诸多教学环节，给出有益的反馈，客观指出教师在教学过程中存在的问题并给出合理建议，帮助教师提高教学质量。“评管”就是评估学校及院系的教学工作，听取相关部门的意见和建议，参考学生评估结果，在系教学自评的基础上，由学院的督导组对系教学进行复评，而在学院教学自评的基础上，由学校的各级督导组对学院教学进行复评。“评管”的目的就是要提高教学管理的质量，基于评估指标的各项要求为学校各个院系的教学工作树立一个具体标准，使各院系在开展教学的时候目的和方向更加明确，调动各院系提高教学质量的积极性，并将这一氛围有效传递到教师和学生之间，三者相互配合，达到目标。“评学”就是评估学生的学习质量，在学生自评和学生间互评的基础上，学院领导、教师、家长对学生进行的全面的、综合的评估。“评学”的目的就是要提高学生的学习质量，以教师的严格教学为前提，以学生自己的学习目标为导向，明确学习方向，全面培养学生的技能及对所学知识的综合运用能力，使学生为国家的发展贡献自己的力量。

但是，目前的英语教学评估只是单一地考查教师的教或者学生的学，很少涉及管理的问题。这种没有管理者共同参与、交互作用的评估模式，不利于教学及反馈，无法全面认识学习过程。

（三）评估制度细则

没有规矩不成方圆，教学评估也是一样。大学英语需要根据《大学英语课程教学要求（试行）》提出的教学目标并结合相应的评估方式和评估制度进行教学评估改革。然而，现有的大学英语教学评估并没有严格的评估制度，就很难通过客观、公正的分析得出整体性评价。在目前的大学英语教学评估中，学生的成绩分为平时成绩、期中成绩和期末成绩。平时成绩可以由考勤、作业、课堂表现等方面来评定，但是平时成绩在学生课堂表现的评价方面是没有参照标准的，所以经常会出现教师根据个人好恶和印象深刻与否，想当然地给学生打分。在这个过程中，教师因为没有参照标准而左右为难，学生在学习过程中也因为无法获取自己的过程成绩（平时成绩）而没有时间根据教师的打分反馈信息来调整自己的学习，从而无法促进自身的发展。有的时候对于英语基础较好的学生，教师会想当然地给出比平时成绩高的分数以示鼓励。但是这样做是不会起到对其英语自主学习习惯养成的推动作用的，只是在其最终评分中锦上添花而已。由于教师在平时成绩的打分过程中忽视了学生的个体差异和个性发展，只是对学生进行共性评价，对学生的英语学习做一般规律性评价，所以这样只会挫伤英语学生学习英语的积极性。

另外，有一部分教师简单地把教学评估等同于形成性评估，这样一来，平时的日常考勤、作业布置及多次小测试就构成了这部分教师心目中的评估制度，教师对于自己所做的教学评估是过程性评估、总结性评估还是综合性评估自己也弄不清楚，因而导致评估制度混乱。教师只是受情势所迫，大家都在做教学评估，所以也只是人云亦云地走走过场而已。

（四）评估主体缺乏主动性

一个完整的大学英语教学评估体系应该是由“评教”“评管”“评学”三部分组成的，换句话说，完整的评估体系应该涵盖教师评估、集体评估、个人评估这三个方面。在进行教学评估时，教师无论使用何种评估方式，都要让学生明确四个方面，即评估的目的、方式、过程及标准，毕竟学生才是课堂的主体，而不是被动的信息接收者，要让学生主动参与到评估过程中，而非把学生隔离于教学评价之外。

但是我国现阶段的大学英语教学评估，仍主要采取教师评估学生的方式，教师简单地通过学生的期中成绩、期末成绩和平时表现来对学生进行评估。大学英语教师也并非喜欢用这种方式对学生进行评估，而是在现在的大学英语教学的大环境下，这种方式最简单也最传统。教师安排好要评估的范围、要评估的内容、选取评估的形式、定好评估的时间，一切都是约定俗成的，学生完全被孤立在评估的整个过程之外。评估的范围是按照教学大纲、教学计划设计好的，学生无法参与其中；评估的内容由于受到专业性限制，无法告知学生具体的评估内容，学生无法参与其中；评估的形式也都是由教学计划提前设定好的，并且很多学校的英语教学计划是多年不见修改的，评估形式自然也是一成不变，学生无法参与其中；评估时间更是无法由学生决定，都是由学校的教务管理部门安排的。

（五）评估缺乏指导性

在当代教学理念中，应试教育依然十分盛行，多数学生为了应付考试而学习，一些教师为了使学生顺利通过考试、毕业而教学，这样就无法调动学生学习的积极性，英语教学也无法顺利进行。工具型学习动机源于评估方式的单一性、评估体系的不完善等因素，因为分数直接影响学生今后的升学、就业等方面，这种学习动机就会使得学生在学习英语时与最初的英语教学目标背道而驰，本身对英语学习充满兴趣的学生也会因此变得为了学习而学习，为了考试而学习。大部分学生学习英语的主要目的就是通过期末考试，取得大学英语四、六级证书，英语应用能力等级证书，专业四、八级证书。为了这一目标的达成学生才会不逃课，才会努力学习。但是学生并不是每天都要参加考试的，所以，需要提升的是在日常生活中对英语的实际应用能力，换而言之，学生学习英语知识不是为了通过考试，顺利毕业，而是通过学习从而掌握一门可以用来沟通交流的语言，汲取外国先进的科学知识技术，促进国际交流。

对于教师而言，把考试当作重要的或者唯一的评估手段也属无奈之举，毕竟应试型英语教育不能检验英语学生在英语学习过程中所取得的进步，而英语作为一门应用型学科，重要的不是分数，而是真正的应用。现行的英语教学评估，其以考试为主的方式忽略了学生学习的渐进过程，忽视了学生的课堂行为、学习态度、学习习惯和文化意识等，这种只重视评估结果而忽略评估过程的评估方式，无论从信度还是从效度的角度来说，都对英语教学评估缺乏指导性，遗漏了很多重要的细节信息，只能对英语教学做出片面的、主观的评价，而非科学的客观评估。

多模态话语分析与传统话语分析的不同之处在于它会有很强的主观性，因为在利用多模态话语分析来分析语法时不会受到过多限制，因此，分析的结果会在很大程度上取决于分析者本人的理解。不同的研究者可能会因为文化背景不同、知识框架不同、家庭背景不同，甚至解读动机不同而进行不同的分析，从而得出不同的结论。虽然已经知道人类的话语是一个多模态共同作用的系统，但多模态话语分析在怎样确定各种模态之间的相互关系和互补作用方面有价值的研究成果较少。在发现不同模态的媒体之间是如何相互联系，从而共同实现讲话者要表达的意义等方面还有很多研究要深入展开。尤其是对于一定的话语以什么模态和媒体表达最为有效，更是需要进一步认真研究的课题。总之，多模态话语分析是话语分析的一个新发展。除了话语分析的方法以外，多模态话语分析还更多地关注到其他的非语言要素在语义构建和传达方面的特别作用。通过对不同模态在实际的语言交际中的研究，找出不同模态之间的相互关系，从而得出什么样的模态结合能取得最佳的语言交际效果。多模态话语分析不仅打开了话语研究的视野，也对语言教学设计，特别是在如何优化语言教学手段、丰富教学内容、不断提高语言教学的针对性和教学质量方面有很好的理论指导意义。档案里要放进什么成果，样本中听、说、读、写、译样本各占多少；在档案建立细则中，教师对样本、学生自己对样本和学生相互对样本的评估分别各占多少比重，各阶段样本所占权重，前后样本的对比结果等；档案的后勤部署问题，档案的成果上交、时间界限和发回的方式、最后在何处保存成果、档案查阅的资格等问题都需要解决。在学生自我评估内容方面，包括学习方法和学习过程、努力程度、学习结果和学习中的长处及不足等以什么标准界定；学生表现测验量表的设计，包括表现内容、表现方式和表现结果的认定以科学的方法进行研究。

薄弱环节仍是研究多媒体网络教学模式下构建和具体实施教学评估模式，目前该领域的研究存在着“四多四少”的研究现象：单兵作战多，有组织研究少；介绍性论文较多，独创性研究成果较少；理论性研究多，实证性研究少；论述必要性多，研究可行性少。以多媒体网络为依托的大学英语教学评估模式研究比较滞后的原因是仍然没有建立起一套行之有效的全程监控模式与质量评估指标模式，这可能与网络教学评估模式研究涉及面较广且研究变量不易控制有关。

另外，网络评估模式可能还与教师工作量有关，因网络评估比较复杂且对教师要求比较高，需要教师花费大量时间和精力进行操作，对评估内容的选取需要反复操作，而且教师对评估标准要反复权衡才能确定，这必然增加了评估难度。

在探讨关于大学英语教学评估功能与目的方面，根据开放教育的实践，通过归纳和总结这些实证、调查类论文，大学英语教学评估的实证研究有以下趋势：研究的深度和广度在不断提高。研究既注重终结性评价，又关注形成性评价，同时也研究了学习策略、教学模式、网络和计算机技术等对教学评估的影响和作用，并提出了在国内环境下实施教学评估更为有效的可行性建议和意见。

第二节　大学英语多模态课堂教学评估体系的提出

一、英语教学评估体系的不足与完善

传统的英语教学在知识传授上偏重语言的理解，使得英语课堂上过于重视对学生应试能力的培养。在英语教学中，目前的主要评估方式仍是终结性评估。这种评估方法的局限性在于太过于单一，主要依靠一些针对语言知识的测试，如单元测验、期中检测、期末检测及全国四六级考试等，以此来评价学生的学习能力和教学质量。这种做法把多元化的教学评价方法忽略了，会对学生的发展和教学效果产生局限性。过分强调考试对英语教学产生的不良影响十分突出，主要表现在以下几个方面。

（一）英语教学评估体系的不足

1. 有碍于教学目标的实现

根据新课程要求，大学英语教学的核心包括英语语言的知识和应用技能、学习策略及跨文化交际。同时，教师需要综合运用多种教学模式和教学工具来促进学生的学习。大学英语教学的目标是提高学生的英语综合应用水平，特别是在听说方面的表达能力。仅仅依赖一种测试方法无法全面地评估学生的语言能力和英语教学的成果，需要使用多种测试方法来进行科学、全面、准确地评估。如果我们仅仅采用一种测试方法来评估学生，教师可能会过分强调学生语言知识的学习，而忽视对学生语言运用能力的培养。这种情况会导致教学和考试都过分强调测试的结果，而无法实现教学目标。这也会导致学生的自主创新能力受到限制，从而无法满足新形势下对人才的需求。

2. 误导了学生的学习目的

过分强调测试的重要性和权威性可能使学生树立错误的学习目标。绝大多数学生学习英语都是为了在考试中取得好成绩，这种机械式的学习方式不能有效激发学生学习英语的动力，同时也可能会削弱学生的自主创新意识。学生在学习英语时，应该把考试作为其中的一部分目标，而非将其视为终极目标。必须注重吸收并借鉴国外先进的科学文化知识，广泛获取信息并积极参与多种国际交流，以此促进自身全面发展。

3. 不重视学生的学习过程

如果我们只以考试为主要或唯一的评估方式，评估结果就不能全面反映学生的学习过程和进展。例如，学生的进步和心理满足感并非只是取决于课堂表现、作业情况、学习方式、风格及学习策略、自觉创新学习能力等方面，还有其他因素需要考虑。特别是在以培养学生自主学习能力为目标的多媒体教学中，它的劣势更加明显。对于学生的学习活动，包括课堂和课外学习，以及在计算机或其他在线平台上的自学等过程，难以进行有效的追踪、评估和监管。这种评估方法过于强调结果，而忽略了过程中的关键信息，导致对英语教学的评估不全面、不客观、不科学、不准确。

（二）英语教学评估体系的完善

随着现代英语教学的发展，人们逐渐意识到完善大学英语教学评估体系的重要性，只有打破传统教学模式的限制，英语教学水平才能取得突破性进展。反之，如果英语教学还是一贯地将应试教育作为目标，那么学生在学习时也不会对所学知识加以创新，自主学习能力和创新能力得不到有效提升，就不能将学到的知识运用到实际生活中，这样一来，学习将变得没有意义。根据新课程要求，我们需要革新传统的教学方式。以前的教学方式以教师为主导，只注重语言知识和技能的传授。现今的教学方式则尽可能注重学生的需求，不仅要传授给学生基础知识和技能，还需要培养他们的语言运用能力并提高其自主学习的能力。除了传统的终结性评估外，还需要加入过程性评估，旨在优化大学英语教学评估机制，以确保教学和学习的不断改进和提升。评估体系应该全面化、系统化，要科学合理、创新发展，其需要具备以下几个特点。

1. 评估形式过程化

由于英语教学和学生学习都是不断变化的过程，因此评估英语教学应该贯穿于学习的每一个步骤和时期。在学生某一时间段内的学习过程中，教师需要客观准确地评估他们在知识、技能、情感、策略和作业等方面的表现。新课程要求提倡的教学模式注重学习过程，侧重检查学生是否达到既定的学习目标，不以评定成绩为唯一目标。这种教学模式通过及时监督和评估学生在学习过程中的行为表现来反馈有益的教学信息，有助于激发学生的学习动力，提升其自主创新能力，增强其自信心。

2. 评估主体多极化

目前单个教师承担着绝大多数学生的英语评估。然而，一个教师难以捕捉到很多重要的信息，如学生的个人学习态度、知识难点和学习计划及方法等。因此，新课程要求提出了一种多极主体评估模式，其中包括学生之间相互评估、学生对自己的评估、学生对教师的评估、教师对学生的评估，以及教务部门对学生的评估等。在评估过程中，更应该鼓励学生积极地进行自我评估。

学生自我评估是指学生主动对其自身的学习行为进行评价，包括评价学习材料与内容、学习目的与动机、学习进步与满足感的体验及学习方法与策略等方面。学生自我评价是提升学生自主、独立和创新能力的基础，它可以推动英语教学向个性化和主动学习方向发展，更加注重学生的角色作用和参与度。新课程规定了一份推荐性评估表，旨在帮助学生更具体、可操作地评估自己的英语听、说、读、写、译能力。这份表格分为一般要求、较高要求、更高要求三个区别，以便学生更合理地评估自我进步程度。

3. 评估内容多元化

英语教学的目标不能局限于学生的成绩，要涵盖学生学习发展的影响因素，包括学习兴趣、积极参与课堂、培养团队精神、表演才能等方面。这样就能够展现出英语教学多元化的特点。对人进行评估是对其发展的评估，这种评估应当具备开放、积极、灵活的特点。这种评估不仅能够促进学生的身心发展和情商提升，还有助于培养学生健全的人格。此外，对于英语教学过程的评估应该包括对需求分析、课程设计、课堂教学及评估本身等多个方面。因而，在新课程要求的指导下，教学评估应该采用多元化的创新评估模式。

4. 评估策略多样化

仅凭测试无法实现多元化的评估内容，必须采用多种评估策略才能有效地进行评估。测试虽然重要，但不能仅仅依赖它来评估教学的效果。我们需要根据实际情况，采用多样化的评估策略来评估学生的学习表现，如记录课堂和课外活动情况、学生的学习档案、自主学习记录、调查问卷、访谈、座谈、学生自我评估等。为了使教学进步并使学生取得学习成果，需要采用多种评估方法来监测、评估、并观察学生学习的进程。

评估的内容应该从仅注重知识方面转向注重学生全面发展的各个方面。现有的评估体系过于关注学生对知识的掌握和学生的书面成绩，却忽视了对其学习过程中情感态度和价值观的评估，这使得评估结果过于强调结果而轻视过程，同时也严重忽略了对学生自主学习能力、创新精神、学习态度和习惯等方面的评估。英语教学目标的设置应该是综合考虑学生的各个方面发展，而不仅仅是关注他们的成绩表现。这包括智力、情感、学习兴趣、课堂参与、团队精神、表演才能等多个方面，需要体现多元化的特征。因此，在课程要求下的教学评估应该采用综合评估创新模式，其中包括测验及其他多元化的评估手段。此外，这种评估方法将覆盖需求分析、课程设计、课堂教学及评估本身等多个方面。

（1）评估策略多元化

当评估内容呈现多元化趋势时，单一的测试评估已不足以满足教学评估需求，需要采用多种不同的评估策略以确保评估的有效性。除了测试以外，还有许多不同的评估方法，可以依据不同的情况来采用。例如，记录课堂及课外活动表现、建立学生档案、记录网上自学情况、进行问卷调查、进行访谈和座谈，或通过让学生进行自我评估等方式。通过多样化的评估方式监测学生的学习进展，有助于有效监管和评估教师的授课水平，从而推动学生有效学习。

（2）评估主体多元化

通过多元化的评估主体，学生可以主动参与评估过程，从而摆脱被动接受评估的状态。传统的英语教学评估通常是单方面的，教师占据主导地位，学生则是被动的接受者。然而很多关键的信息，如学生在个人学习中面对的困难、采用的学习技巧和偏好及在学习中出现的失误等，教师难以完全了解。因此，课程应采用多种评估方式，包括同学间互相评估、学生自我评估、学生评估教师、教师评估学生及教务部门对学生的评估等。重视学生在评估中的主动性，鼓励他们积极参与评估，使评估过程与教学紧密结合，以创造一个自由、开放的评估环境。我们鼓励学生在小组中进行自我评价和合作评价，加强评估者和被评估者之间的互动。通过鼓励学生对自己的学习过程进行回顾和反思，帮助他们积极主动地学习并进行自我管理，这样他们就能更好地掌握学习内容。

（3）评估形式多元化

在评估形式方面，应该从仅注重笔试转变为综合运用多种评估方式。进行动态评估是很有必要的，因为英语教学和学生的英语学习都是一个不断变化的过程。评估英语教学和学生学习的进程要贯穿于英语教学的全过程。大学英语课程是一门特殊的学科，其教学目的是使学生能够用流利自如的运用英语进行交流，但这种技能无法靠单一的笔试考核来衡量。目前的评估体系中，笔试被视为最为重要的评估方式。不管是各大高校内的期中、期末检测，还是全国范围内的大学英语四、六级考试及专业英语四、八级考试，无不采用笔试形式进行评测。然而，仅仅依赖一种评估方式可能会导致评估目标和教学培养目标的脱节，并且无法全面、真实地反映大学英语教学取得的成果和存在的问题，评估的范围也不够全面，难以发现和解决学生在英语学习过程中的问题。只有设计与大学英语教学培养目标相适应的评估方式，并综合运用多种评估方式，才能确保评估的有效性得到真正提升。在大学英语教学中，完整的评估体系是教学环节不可或缺的组成部分。对于英语教学而言，评估是必不可少的一部分，缺少评估就会导致教学不够完善。现今的英语教育领域中，越来越多的人开始认识到，只有舍弃传统教学理念，注重创新思维，才能实现教学革命性的进步。英语教育过度依赖应试考核模式，可能导致学生难以将所学语言知识内化并应用于实际生活中。这种做法可能会抑制学生的自主创新能力，使他们难以跟上社会发展的步伐。目前的大学英语评估体系存在一些问题，其中一个主要问题是形成性评价并未充分考虑学生的学习过程。通过强调过程性评估，并结合终结性评估，可以更加全面、合理地评估大学英语教学的效果和学生的学习成果。这种评估方法既有利于教学服务，又能够激发学生的自主性和创造性。因此，教师需要在新的评估理念的指导下，全面了解语言教学、测试、教学评估及相关学科的理论知识，同时深入了解测试与评估之间的相互关系和它们与教学之间的联系；不断学习最新的理论知识，并将这些理论知识应用到我们的语言教学实践中，不断完善并优化教学及教学评估流程，以充分发挥大学英语教学评估体系的积极作用，服务于教学、支持教学并促进教学水平的提高。

5. 评估侧重科学化

新的课程要求重视过程性评估，这种评估方法比传统的终结性评估更为科学、全面、合理。该方法强调对学生学习过程的评估，改变了以往只注重结果的评估方式。还需要强调的是，即使是终结性评估，也应注重考查学生的综合运用能力，而不是仅考查学生在阅读、写作和翻译方面的成绩。因此，不能用学生在这些方面的成绩来代替或平衡其听力和口语能力。因此，在英语教学中，创新和完善后的评估体系更加重视学生的语言运用能力，特别是听和说方面的过程性评估，这使得整个评估体系更具科学性。过程性评估是一种基于学生学习的全方位观察、记录和反思，评价学生在日常学习过程中的表现、成绩、情感、态度和策略等方面的发展，其重点在于观察学生的学习过程，做出发展性的评价，目的在于激励学生积极学习，协助他们有效调整学习方法，并培养学生的合作精神。通过过程性评估，学生能够成为自我评价的主导者和踊跃参与者，不再局限于被动接收评估结果。这种方法可以评估一些无法仅通过期末考试而获得的学习成果。传统的教学方式把教学过程视作静态的知识输入，而评估则是对最终结果的终结性评价。教育界正朝着以学生为中心的经验型教学发展，开始注重教学过程中知识的转化。对于这种类型的教学，过程性评估是学习过程中必不可少的组成部分。这是因为在此过程中学生将会受到更多的照顾和关注，因此可以促进学生的情感发展。此外，通过进行过程性评估，教师能够审视自己的教学效果，反思和改进教学方法。

二、英语教学评估体系的创新

“培养学生英语综合应用能力，特别是听说读写能力，使他们在今后的工作和社会交往中能用英语有效地进行口头和书面的信息交流，同时增强其自主学习的能力，提高综合文化素养，以适应我国社会和国际交流的需要。”①是教育部对大学英语教学提出的明确目标。对于许多学者和大学英语教师来说，他们面临的挑战之一是如何帮助大学生全面提高英语综合运用能力。许多大学都在为达成这个目标而大力改革大学英语教学。多媒体网络教学模式巧妙地综合了图像、语言、音频、视频等多种表达方式，使得教学资源更加丰富多样。与传统的单一语言教学模式相比，多媒体网络辅助教学模式具有更高的实用性和吸引力。现在大学英语课堂采用的不再是单一的“一言堂”教学模式，而是倡导多模态课堂教学，其中包括文字、图片、音乐、网络等多种模态相结合的教学方式。这种基于多模态的大学英语教学实践研究对于提高大学英语教学效率、推进教学改革、优化教学效果及培养学生综合能力等方面都有着积极的促进作用。

从多模态话语研究来看，语言不止是一种特定的符号系统，其功能也不止限于语言本身，研究者不仅关注语言的特征，同时也强调声音、颜色、图像和动作等符号模态在话语中的作用，认为它们是与语言相互作用又相互独立的符号资源。这种研究视角下，语言被看作一种社会符号，其功能与其他符号密切相关。传统的话语分析方法仅关注语言本身，并以文本为研究基础，忽略了声音、颜色、图像、动漫等多种意义表达形式，这导致其他模态在认知与处理总信息时所扮演的

① 苏一凡．多模态英语教学理论与实践[M]．北京：中华工商联合出版社，2021．

角色被忽略。同样地，基于传统话语理论的语言教学过于依赖单一文字模式，过分强调语言本身的教学与学习，忽视了其他表达方式在教育和学习中的重要作用。多模态话语理论在大学英语教学中的应用，有助于构建多模态英语教学模式。

多模态教学是一种教学理论，它主张利用多种方式，如图片、动画、网络等，来发挥学生多样的感官协同的作用，从而促进其语言学习。该理论强调采用文字、声音、图片等多种符号共同打造一个适合学生学习的环境，同时注重发展学生的多元综合能力。通过多种方式转换语言信息有助于激发学生的认知、理解、处理和储存信息的能力，这对于促进学生的英语学习至关重要。现今，许多大学已经开始引入多媒体教学设备，并利用网络课堂在英语教学课堂上使用多模态教学方式。几乎所有的英语多媒体教学软件都使用图像和文字相结合的方式来展示学习材料。这种教学方法采用了声音、文字和图像相结合的形式，使用了多种视频、音频形式来激活学生的视觉、听觉等感官，虽然可以取得良好的效果，但是若学习时间过长，很容易使学生感到视觉疲劳。换句话说，多种展示形式同时呈现也许会超过学生的理解界限，进而增加其外部认知负荷，这可能会妨碍学生学习。在视音频教学中，过多运用动画、图片和文字等多种元素会使学生注意力分散，影响其对学习目标的把握。因此，采用多模态话语理论来改进大学英语教学设计尤其关键。

（一）选择多种模态进行互动教学

在传统的教学模式中，学生通常仅仅通过视觉渠道获取知识，这种方式缺乏多样性和丰富性。随着现代网络和多媒体技术的发展，多种交流方式得以应用，同时也为多种语言交流带来了新的环境和条件，这为教育提供了更加丰富的学习环境。利用多种方式和工具，如网络平台、多媒体技术等，模拟真实语境，为学生提供丰富的语料和教学、学习材料，引导他们进行模拟训练，这就是多模态模式教学。在虚拟多媒体场景中，语言表达，图像、录音、录像等多种表达手段能够激发学生的交流兴趣和热情，帮助他们更加积极地参与和分享。因此，为了使教学更加有效，教师需要考虑学生的学习认知规律，并通过选择和组合多种媒体形式来设计并制作实用的多媒体课件。课件应该在广度和深度上取得适当的平衡，以确切地激发学生的学习热情。同时，课件内容应该逻辑合理，难度适宜，易于阅读，使学生更好地利用各种感官来感知、获取、认知和传递信息。另外，在考虑教学和学习影响的同时，教师需要深入思考环境设计。他们应当善用文字、音频、图片、PPT、视频、网络等多种媒介组合来创造多样化的教学环境，从而为学生提供多种感官和认知的体验。这样可以创造一个尽可能真实的英语学习环境，让学生能够在实际中运用语言技能。

多媒体课堂的运用丰富了教师的授课方式，让教学更加多样化。老师可以实时远程监控每位学生的学习进度，并支持学生自由组队进行交流，自由加入小组评估与讨论。要实现多模态的教学，需要更加综合和全面的方法和策略，不能简单地使用多种媒介和教学资料。在多模态教学课堂上，教师应该避免成为仅播放多媒体课件的角色，而应该积极运用多种方式和媒介来提高课堂教学效果。教师需要在教授学生正确语言形式的同时，利用声音、面部表情、身体姿态和手势等身体语言来辅助教学，以更好地让学生在学习第二语言时接近目标语言的真实应用环境。对教师来说，应对多模态教学模式需要具备更高的教学能力和技巧。教师应当根据多模态话语理念不断更新教学理念，以此指导大学英语课堂的教学活动。除了使用听觉和视觉感觉模态之外，大学英语教学也应该使其他多种教学方式，如运用触觉和嗅觉等多种感官模态来增强教学效果。为了让教学取得更好的成效，教师应依据不同的因素，如课程类型、教学环境、学生个体差异等，合理地选择教学方法。教师和学生应该在相互尊重、合作共赢的基础上建立和谐关系，这样可以有效配合各种多模态教学资源，让学生在多元化的语言环境中更加自主地进行学习。

（二）多模态选择的原则

相对于传统的单一教学方式，多模态教学方式更具教育优势。但是，教师不能自由地选择教学模式，并且多种教学模式的使用并非一定会提高教学效果，只要一种教学模式就足以教授学生相关的知识，使用多种模式呈现相同的信息就变得不必要了。如果同一信息以不同形式展示给学生，他们会思考和比较不同形式的信息，这可能会导致学生投入更多的认知资源，并且降低学习效果。为了在多模态教学中增加学生的学习兴趣并提高学习效果，教师有时会在创造多模态话语情境时增加许多与主题不相关的信息，这种做法会使学生不得不在不同的信息源之间分配注意力，以理解所学内容。这种需要花费大量时间和精力进行信息整合的过程会增加学生的认知负荷，导致其学习效果变差。由于单一的信息资源是不足以构建教学课堂的，教师就需要反复寻找和匹配各种不同的信息来源，以整合这些信息。因此，在多模态话语的教学设计中，为了充分利用各种话语资源，教师需要合理地安排信息的呈现顺序，慎重选择使用不同的信息，并将它们有机地整合到主题学习资源中，以避免多种模态之间的干扰和其产生的负面影响。

张德禄认为在多模态话语选择中最关键的因素是如何使不同模态相互配合获

得最佳交际效应。[①] 在多模态话语交际框架中，我们可以从三个方面考虑选择不同的模态。第一，可以为英语教学提供更多的教学情境和便利条件，从而提高教学效率。第二，提供辅助条件有助于提高英语教学的效率。第三，提供多元的语意表达方式，以满足多模态交流的需要。为了提高学生学习效果，教师在教学过程中应使用多种教学模式，并设计多种形式的教学课件。在使用这些模式和课件的过程中，教师需要注意选用最适合的模式，以达到最佳的教学效果。虽然每种方式都能充分地传授信息，但是如果只使用一种形式，教学内容或关键信息就无法以其他方式展现，这会导致课堂单调乏味，而且容易让学生感到沉闷并失去学习的兴趣。不同感官模式之间的配合非常重要，特别是视觉和听觉模式的交互作用可以对教学产生积极的影响。因此，教师必须考虑到各种感官模式之间的协调性和一致性，巧妙地选择适合的模式来与学生进行交流，并且注重各模式之间的优先顺序。通过充分发挥各种符号媒介的作用，可以实现模式的互补和协调，从而有效提升信息传递效率。采用多种不同的教学模式，协调运用在课堂上，可以改变传统的单一教学方式。这种教学模式可以提升学生各方面的感知和认知能力，提高学生的学习积极性，营造一种和谐互动的课堂氛围。人们可以借助视觉和听觉的感知来获取心理图像和词语，并将其转化为言语模型和图像模型。另外，让学生通过触觉模式，如让他们写下笔记等活动，来提升对所学知识的领悟和记忆。这样就达成了多种形式的协调一致。

在大学英语教学过程中，教学评估体系扮演着至关重要的角色，可为教学提供明确指导和有效监督，保证教学效果。教学评估不仅能够帮助学生改变学习策略、提高学习效率，还能够给教师提供必要的教学反馈信息，有助于改进教学管理，保证教学质量。因此，建立一套全面、客观、科学、准确的评估系统非常关键。随着教学改革的推进，学生已经成为教学的中心，传统的以教师为中心的教学模式正在被逐步替代。因此，大学英语教学评估体系需要及时跟进最新的教学和评估理念。在评估中应充分考虑真实情境和评估条件，同时强调评估过程的动态性。此外，教师需要调整对评估的看法，明确评估的目的、内容，并灵活运用不同的评估方法。教师需要开发一种新的大学英语教学评估模式，该模式应该同时考虑形成性评估和终结性评估，包括真实性评估、档案袋评估、客观法评估、学生自我评估、学期和年终报告评估、课程测试和大规模标准化测试等多种评估方式，从而获得评估体系在服务教学和指导学习方面的真正效果。

---

① 苏一凡．多模态英语教学理论与实践[M]．北京：中华工商联合出版社，2021．

第三节 大学英语多模态课堂教学评估体系的构建

一、多模态话语英语教学评估体系构建的理论依据

随着多模态话语的出现，语言学家越来越关注多模态话语理论研究。多模态话语已经成为应用语言学研究的前沿热点，尤其在英语教学领域的研究更是备受关注。

多模态教学理论注重利用各种感官方式刺激学生，促进学生多感官协同作用的发挥，从而使学生印象加深、记忆加强、交流效果优化。随着网络技术、多媒体技术、语料库研究和语言工程研究的发展，传统的单一文本模式已经演变成多模态话语表现模式。此外，在教学课堂上广泛使用的多媒体设备，也促进了教学多模态化发展。随着多模态读写方式的兴起，教学方法、教材编写和学习任务等也随之发生了改变，以适应这种趋势。通过使用多种技术和方法，英语教学能够更加生动且更有效，同时也具备了多种形式。“多模态话语分析的意义在于它可以将语言和其他相关的意义资源整合起来，它不仅可以看到语言系统在意义交换过程中所发挥的作用，而且可以看到诸如图像、音乐、颜色等其他符号系统在这个过程中所产生的效果，从而使话语意义的解读更加全面、更加准确。”[①] 使用多模态分析的研究方法对大学英语口语教学中的互动行为进行研究，使以前很抽象且脱离语境的文本分析更加直观、形象，体现了现在流行的多模态话语分析趋势。由于计算机多媒体技术在辅助语言教学中得到广泛应用，并为其提供了新的教学工具和便捷的教学途径，因此教师可以利用多媒体资源和多模态话语理论，设计不同的教学情境和多种表达方式来有效地开展应用型大学英语教学，即特殊用途英语或专门用途英语教学，如科技英语、商务英语等多模态教学，让学生能够更加直观、更加生动地学习知识，并在多媒体教室接受图、文、声、像一体的立体方式教学，使学生以高昂的情绪投入特殊用途英语知识的建构之中，为学生营造生动活泼的学习氛围，从而激发学习兴趣，达到良好的教学效果。

① 赵荣斌．多理论视角下的大学英语口语教学研究[M]．北京：光明日报出版社，2016.

二、多模态话语英语教学评估体系构建的基本原则

（一）教学要保证英语学生学习的“意义”

英语学生的学习具备两种意义，分别是语义学意义和语用学意义。语义学意义是指词汇或语法结构方面的意义，语用学意义是指交际过程中的情景化意义。学生在学习时要把握这两方面的意义，但语用意义尤为重要。教师在教授这两种意义时，会采用不同的教学方法。在进行语义学意义的教授时，教师是教授者，学生是学习者，这一过程要达成的目标是英语教学和学习。对于语用学意义来说，英语被视为一种沟通工具，是用来交际的，教师和学生都是交际者。

作为使用语言的基础，语义学意义仍然在英语教学过程中占据重要地位，但教师开始加大对语用学意义的重视程度，实际上，这两种意义并不冲突。教师在进行词汇讲解之后，为了让学生巩固所学知识，会让学生利用所学单词造句，帮助学生更好地在语境中理解单词。一般在英语课堂上，教师最多会将 1/4 的时间用于词汇讲解，剩下的 3/4 的时间将会要求学生做课堂报告，越来越多的教师意识到语用学意义的重要性。学生在做课堂报告时，难免会错用或误用一些单词，但这个问题并不用过多在意，因为这可以看作学生与教师之间的一种交流，而在不影响双方互相理解的情况下，教师便不会出言打断。

（二）教学要保证学生掌握大量的惯用语

英语学习资源的一个重要来源就是惯用语。在英语学习过程中，相较于本地人，英语学习者一般不会使用很多惯用语，一些高水平的英语学习者亦是如此。而在教学过程中，教师往往会要求学生背诵英语中的固定用法，如打招呼用语、道谢及道歉用语等，这些惯用语在英语学生的日常交流中发挥重要作用，帮助学生提高英语表达方面的流利度，这一教学方法一直沿用至今，在很多大学英语课堂上被广泛应用。此外，在英语课堂上，学生经常被要求背诵一些优美的范文或课本选段，学生可以将其中的单词、语法与所学知识相结合，把知识进行内化，从而提高自己的英语学习水平。

心理学家经过多方面的研究，提出“自动化”这一概念，研究人员认为，学生在学习过程中，在进行信息的处理时，会经历一个转变，即由受控的转变为自动的。在学习一门语言时，学生首先做的就是记忆，然后进行自动化处理，与自己原本的知识体系相结合，创造出一些新的表达，而这一方式会提高学生对所学语言的熟悉度，进而对英语学习产生益处。

（三）成功的英语教学要给学生语言输出的机会

课堂上学生的语言输出无论是在长度还是复杂程度上都会受到限制，而进行情景化的交际就是最好的让学生语言输出的方法。为激发学生参与课堂的积极性，教师可以采用组内讨论、小组间辩论、师生问答等方式。在某些时候此类教学结果会不尽如人意，因为有时学生的上课热情没有那么高，这时不管教师创造怎样的机会，学生都不会有太好的语言输出表现，因此教师对学生进行鼓励和调动其积极性是很重要的。

三、多模态话语英语教学评估体系构建的标准

明确的评估标准是保证评估公平性的前提，目前，对于语言教学领域的综合评估标准的研究还很少。无论是形成性评价还是终结性评价，都需要有一套完善的评估标准，在评估课堂时，教师需要综合考虑积极的教学反馈效果、评估的准确性和可靠性及可操作性等方面的标准。评估的效度是指对于评价对象来说，对其进行了多大程度上准确的评估。在效度的定义中，内容效度指的是对抽样的评估，以判断其是否具有足够的代表性。在语言评估领域，结构效度是一个重要的理论基础。标准关联效度指的是在对评估结果进行比较时，其是否存在一致性。许多因素会对表面效度产生影响，如错误的理论、评估样本不足、评估形式的设计不够恰当等。为了验证效度，需要进行实证研究，依赖于外部且独立的标准来评估。为确保评估的准确性，我们可以对比教师提供的评估结果和学生的实际表现，长期观察学生的语言技能发展情况。英语教学评估形式的信度是指在不同的评价情境下，得出的评估结果之间的一致性程度。信度包括三个方面：评估本身的信度、评分信度和学生在不同情况下的表现。信度的影响因素有很多，学生临时的心理和生理变化也会干扰评估的信度。为了排除这些影响信度的因素，需要做到以下几点：第一，在多个场合下评估，提供清楚明了的评估说明；第二，使用多种评估方法，评估条件一致，减少非评估因素的干扰；第三，由有经验的、受过培训的评分员评分，采用多人独立评分等方法。当然可行性也是评估的一个重要因素，除了评估的信度和效度之外。一项评估形式想要具有可行性，必须在人力、物力、时间许可的范围内进行，与此同时，在受试范围很广的大规模、标准化的考试中更要考虑评估对教学的反作用。

在现在高校的英语教学中，评估体系已经逐渐成为其中不可缺少的部分。因为大学英语评估体系过于强调终结性评估，形成性评估过程被忽略，所以，我们

应当以新型评估理念为指导，发展新型大学英语评估体系，此体系应当是多维度的、多元的，以及更多评价主体参与的体系。明确建立适合大、中、小学“一条龙”英语人才培养模式的教学评估标准，综合采用多种评估方法，如课堂测试法、评估法、自我评估法、学期和年终报告会评估法、档案袋观察法和大规模标准化考试等，然后对大学英语教学进行合理评估，才能将大学英语教学评估体系服务教学、支持教学及促进教学的作用发挥到最大。

四、多模态话语英语教学评估体系的构建内容

英语教学评估内容是由培养目标决定的，即培养学生的英语综合应用能力，尤其是听说能力，使学生在今后工作和社会交往中能够有效地进行口头和书面的信息交流。不仅如此，还要提高学生综合文化素质和增强其自主学习能力，这样才能更好地适应我国的经济发展和日后国际交流的需要。大学英语评估体系要从以下三个方面对学生进行评估：第一，语言综合运用能力，该能力可以详细理解为听、说、读、写、译五种技能，每种技能又可细化为多种微技能；第二，学习的方法和步骤及学习策略的掌握情况，重点评价学生的观察能力、提出疑问的能力、根据问题做出猜想和假设的能力、对信息的收集和处理能力、交流与合作的能力，在对其评价时，要将形成性评价与终结性评价合理地结合起来，客观记录学生参加了什么活动、投入程度怎样、他们在活动中的表现和进步等其他情况，在得出评价结论前，教师要对学生在学习的过程中经历的事件、运用了哪些方法进行比较综合；第三，对情感态度的评估不能像知识和技能一样直接进行，只能通过一些可观察的指标间接地推断和衡量，因此，为了了解学生情感态度与价值观等方面的现状和进步，教师可以具体观察和记录学生的学习过程。

对于不同类型的信息应使用不同的模态进行认知，因为对信息的认知和识读是多模态的。例如，语篇信息以视觉、听觉、触觉模态进行全面的听、说、读、写、译认知；非语篇信息则是以视、听、展、演等视觉、听觉、触觉模态为主来进行认知，并且能够通过说和写等触觉模态转换为语篇信息。商贸领域还有旅游领域的知识性信息、技能性信息、文化性信息都可以归类到语篇信息或非语篇信息之中，所以也可以用视、听、读、写、演等多模态进行认知和识读。当进行这类特殊用途英语教学时，教师要使用“多模态教学、多模态学习、多模态教学评估”三位一体的教学模式。

参考文献

[1] 刘凤贤．多模态隐喻在英语教学中的应用 [M]，北京：九州出版社，2019.

[2] 张力，李爱萍．多模态协同式的英语课堂教学研究 [M]. 北京：中国建材工业出版社，2019.

[3] 金月．高校英语教学模式与创新实践 [M]. 延吉：延边大学出版社，2019.

[4] 陈军，王冰，田文明．大学英语课堂教学研究 [M]. 沈阳：辽海出版社，2019.

[5] 韩峰．英语教学及其教学模式研究 [M]. 北京：中国纺织出版社，2019.

[6] 张德禄，黄立鹤．多模态与英语教育研究 [M]. 上海：同济大学出版社，2018.

[7] 王晓燕，瞿宁霞．新媒体在英语教学中的有效应用研究 [M]. 长春：东北师范大学出版社，2018.

[8] 程立柱，王丽霞，英语教学基础理论及实践探索 [M]. 长春：吉林大学出版社，2018.

[9] 姚永红．新媒体时代英语多模态教学模式架构 [M]. 长春：东北师范大学出版社，2018.

[10] 高媛．基于数字化平台的大学英语写作教学与研究 [M]. 成都：西南财经大学出版社，2018.

[11] 陈力．多模态语篇在英语课程教学中的意义 [J]. 小学教学设计,2022（33）：1.

[12] 张旭妙，杨丽娟．基于核心素养的多模态英语教学模式研究：以人教版高中英语必修一 Unit2 为例 [J]. 新课程导学，2022（31）：26–29.

[13] 禾婧．“多模态”语境下英语教学模式的实践性研究 [J]. 江西电力职业技术学院学报，2022，35（10）：57–59.

[14] 王乃换．多模态公共英语教学改革探索：基于翻转课堂混合教学模式 [J]. 河北开放大学学报，2022，27（5）：21–25.

[15] 孙静 . 多模态话语分析在大学英语课堂教学中的运用 [J]. 海外英语，2022（20）：89-90.

[16] 李传馨 . 多模态教学模式在英语词汇教学中的应用 [J]. 科教导刊，2022（24）：29-31.

[17] 胡小玲 . 基于多模态话语分析理论的英语师范生的教学能力培养 [J]. 昌吉学院学报，2022（3）：92-95.

[18] 许佳 . 探析多模态教学模式在高校英语听说课中的应用 [J]. 海外英语，2022（13）：110-111.

[19] 王敏，陶文好 . 多模态大学英语课堂话语构建“语境模型”教学实证研究 [J]. 绍兴文理学院学报（教育版），2022，42（1）：82-89.

[20] 王雪婷 . 多模态视阈下对高中英语阅读课的思政教学模式探究 [J]. 英语广场，2022（18）：121-124.

[21] 吕巧巧 . 多模态理论视域下高中英语互动式阅读教学的应用研究 [D]. 哈尔滨：哈尔滨师范大学，2022.

[22] 曹雪婷 . 多模态教学模式在高中英语语法教学中的应用研究 [D]. 大连：辽宁师范大学，2022.

[23] 李励 . 基于多模态理论的高中英语听力教学的实证研究：以山东寿光市某中学为例 [D]. 曲阜：曲阜师范大学，2021.

[24] 秦佳欣 . 多模态话语分析视角下中外英语教学类慕课互动意义构建的对比分析 [D]. 哈尔滨：哈尔滨工业大学，2021.

[25] 王文丽 . 基于多模态教学的初中生英语多元识读能力培养的实证研究 [D]. 鞍山：鞍山师范学院，2021.

[26] 卫柯帆 . 多模态教学模式指导下的初中学生英语词汇教学研究 [D]. 长春：长春工业大学，2021.

[27] 许仪 . 多模态理论视角下的高中英语阅读教学实证研究 [D]. 安庆：安庆师范大学，2021.

[28] 何蕾 . 多模态教学模式应用于高中英语阅读课堂的实验研究 [D]. 重庆：西南大学，2020.

[29] 王金美 . 多模态教学模式在高中英语词汇教学中的应用研究 [D]. 曲阜：曲阜师范大学，2020.

[30] 杨童 . 基于模态协同的多模态初中英语听力教学效果分析 [D]. 曲阜：曲阜师范大学，2020.